글쓴이 곰곰쌤

대학에서 금속 분자 재료를 공부하고 학생들에게 수학과 과학을 알려 주는 선생님이에요. 그동안 학생들이 공부하기 힘들어할 때마다 역사 속 수학과 과학 이야기를 들려주었는데, 그 내용을 모아 이 책을 만들었어요.

그린이 토리아트

상상하는 모든 것을 그리고 디자인하는 푸른 꿈이 있는 곳, 무한한 상상력을 갖고 색다른 기획과 그림, 디자인으로 수준 높은 창작물을 만들려는 회사입니다. 그림을 그린 책으로 《꼬레아 타임스》, 《겜블록스 월드: 버그 패치! 클릭 대장》, 《초등 숙제 왕! 명절·기념일편: 오늘로 말할 것 같으면!》, 《초등 숙제 왕! 인물편: 나로 말할 것 같으면!》, 《아홉 살 탐정 레베카》 시리즈, 《도티&잠뜰 탐정 프렌즈》 시리즈, 《알찬 사자성어》, 《알찬 맞춤법》, 《알찬 관용어》, 《알찬 속담》 등이 있습니다.

읽을수록 빠져드는
수학으로 배우는 세계사

1판 1쇄 인쇄 2024년 5월 14일
1판 1쇄 발행 2024년 5월 24일

글쓴이 곰곰쌤 **그린이** 토리아트
발행인 오영진 김진갑 **발행처** 제제의숲 **기획편집** 이희자
디자인 안경희 **마케팅** 박시현 박준서 김승겸 조성은 김수연

출판등록 2013년 1월 25일 제2013-000028호
주소 서울시 마포구 월드컵북로5가길 12 서교빌딩 2층
원고 투고 및 독자 문의 midnightbookstore@naver.com
전화 02-332-7706 **팩스** 02-332-7741
블로그 blog.naver.com/midnightbookstore
페이스북 www.facebook.com/tornadobook

ISBN 979-11-5873-293-6 (74400)
ISBN 979-11-5873-292-9 (세트)

제제의숲은 ㈜심야책방의 자회사입니다.
이 책은 저작권법에 따라 보호를 받는 저작물이므로 무단전재와 무단복제를 금하며,
이 책 내용의 전부 또는 일부를 사용하려면 반드시 저작권자와 제제의숲의 서면 동의를 받아야 합니다.

잘못되거나 파손된 책은 구입하신 서점에서 교환해 드립니다.
맞춤법과 띄어쓰기는 국립국어원의 기준에 따랐습니다.
책 모서리가 날카로워 다칠 수 있으니 사람을 향해 던지거나 떨어뜨리지 마십시오.
종이에 베이지 않게 주의하세요. 책값은 뒤표지에 있습니다.

차례

I 교수님? 교주님! 피타고라스

1. 학문의 시작, 고대 그리스 ········ 8
문화와 문명의 발달 ········ 8
그리스의 광장 문화 ········ 10

2. 세상은 숫자로 이루어져 있다 ········ 12
공부를 좋아한 아이 ········ 12
페르시아의 인질 ········ 14
지식과 학문을 가르치다 ········ 16
교주가 된 피타고라스 ········ 18
세상의 근원은 숫자 ········ 20
피타고라스와 피타고라스학파 ········ 22

II 수학의 기틀을 세운 에우클레이데스와 피보나치

1. 페르시아 제국과 알렉산드로스 제국 ········ 28
페르시아 제국의 성장과 그리스 침공 ········ 28
절대 무적 알렉산드로스 대왕 ········ 32

2. 수학 교과서 《원론》의 완성과 숫자의 전파 ········ 37
에우클레이데스의 지루한 수학 수업 ········ 37
수학 교과서를 완성한 에우클레이데스 ········ 39
인도-아라비아 숫자를 유럽에 알린 피보나치 ········ 40

III 수학자 아닌 수학자 페르마

1. 17세기 대혼란의 유럽 ········ 48
페스트의 유행 ········ 48
마녀와 고양이를 없애자! ········ 53

2. 수학을 연구한 변호사 ········ 56
페르마, 《원론》에 빠지다 ········ 56

고집쟁이 페르마 ……… 60
페르마가 남긴 문제 ……… 62

IV 노력 천재 오일러와 그냥 천재 가우스

1. 강철 멘탈의 사나이, 오일러 ……… 68
눈에 띄는 인재 ……… 68
오른쪽 시력을 잃다 ……… 71
러시아를 떠나서 ……… 73
프리드리히 2세와 7년 전쟁 ……… 74
예카테리나 2세의 대두 ……… 77
다시 러시아로 ……… 78
두 눈을 잃었어도 멈추지 않은 연구 ……… 80

2. 완벽주의자 가우스 ……… 82
1부터 100까지 자연수를 더하면? ……… 82
벽돌공이 될 뻔한 가우스 ……… 83
수학 교수 대신 천문학 교수 ……… 85
아벨과 갈루아의 논문 ……… 87
억울한 가우스 ……… 90

V 20세기 천재 존 폰 노이만과 복잡계 이론

1. 혼란 속의 질서 ……… 96
날씨는 왜 예측하기 힘들까? ……… 96
혼란 속의 질서, 프랙털 ……… 101

2. 20세기 마지막 천재 존 폰 노이만 ……… 105
게임 이론과 존 폰 노이만 ……… 105
나치를 막기 위해 ……… 107
다양한 분야로 퍼지는 게임 이론 ……… 109
혼돈 이론과 게임 이론을 포함하는 복잡계 이론 ……… 111

I

고대~기원전 5세기

교수님? 교주님! 피타고라스

수학의 역사를 이야기할 때 일반적으로 고대 그리스부터 이야기해요. 그리고 수학자로 '피타고라스'를 가장 먼저 내세우지요. 왜 수학 하면 '피타고라스의 정리'를 맨 먼저 떠올릴까요? 대체 피타고라스는 누구일까요?

1. 학문의 시작, 고대 그리스

√ 문화와 문명의 발달

사람들은 보통 고대 그리스에서 수학이라는 학문이 시작됐다고 생각해요. 고대 그리스 이전에는 수학이나 그 밖의 다른 학문은 없었을까요? 동양에는 수학이 없었을까요? 숫자를 쓰거나 계산하지 않았던 걸까요?

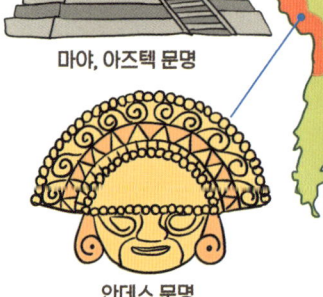

마야, 아즈텍 문명

안데스 문명

그럴 리가요! 숫자는 일상생활에서 꼭 필요하기 때문에 생긴 거예요. 수를 계산하는 것도 마찬가지이고요. 숫자가 없으면 여러분이 좋아하는 게임도 할 수 없어요! 무슨 소리냐고요? 게임이랑 수학이 무슨 관계냐고요?

생각해 보세요. 여러분의 게임 캐릭터가 적을 공격하면 데미지가 무엇으로 표시되나요? 남은 체력은요? 아이템 개수는요?

무언가를 세거나 나누거나 서로 교환하는 등 우리의 생활에는 숫자가 필요했어요. 옛날 사람들은 처음에는 사냥을 하거나 채집을 해서 살았어요. 그러다가 농사를 지으면서 여러 명이 모여 사는 공동체 생활을 시작했지요. 사냥은 혼자 할 수 있지만, 농사는

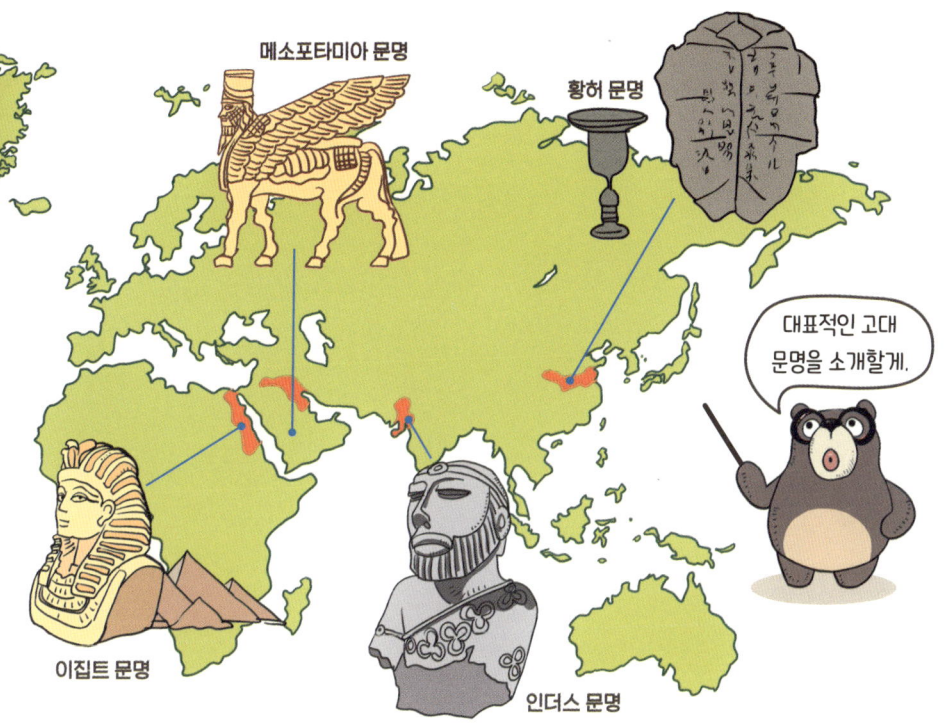

 도저히 혼자서 지을 수 없으니까요. 공동체 생활을 하자 식량이 될 농작물을 키우는 농업이나 집을 짓는 건축업 등이 발전했고, 곧이어 '문화'와 '문명'이 발달했지요.

 문화란 자연스럽게 혹은 필요해서 만들어진 사람 사이의 약속이나 여가를 즐기는 방식, 대부분의 사람이 비슷하게 행동하는 관습 같은 것을 말해요. 그리고 이 문화를 뒷받침해 주는 물질적인 것을 문명이라고 하지요.

 예를 들어, 어느 마을 사람들이 이 층으로 집을 지어 가족이 함께 사는 것을 좋아한다면 이건 그 마을의 문화예요. 그리고 그런 이층집을 짓는 기술이나 이층집 자체는 그 마을의 문명이지요. 이런 문명이 최초로 발달했다고 알려진 곳이 세계에 몇 곳 있어요. 나일강 근처의 이집트 문명, 티그리스강과 유프라테스강 근처의 메소포타미아 문명, 인도 인더스강 근처의 인더스 문명, 중국 황허 강 근처의 황허 문명, 안데스 연안의 안데스 문명(잉카 제국), 멕시코만 연안의 아즈텍과 마야 문명 등이 그곳이에요.

    이 중 이집트 문명과 메소포타미아 문명은 고대 그리스보다 훨씬 전부터 사람들이 모여 살았어요. 당연히 집도 짓고 커다란 건축물도 지었죠. 숫자와 계산 역시 발전했고요.

    그런데 왜 수학의 역사를 말할 때 나중에 생긴 고대 그리스를 먼저 이야기하는 걸까요?

√ 그리스의 광장 문화

    그건 바로 그리스만의 독특한 문화인 '광장 문화' 때문이에요.

그리스 사람들은 시민들이 광장에 모여서 여러 가지 이야기를 나눴어요. 어느 나라와 동맹을 맺을지, 이번에 전쟁을 할지 말지 같은 심각한 것부터 자기가 새로 쓴 시를 발표하거나, 이번에 연구한 물건 이야기를 하는 등 다양한 이야기를 광장에서 했지요. 그리고 주제에 대해 서로 자유롭게 의견을 낼 수 있었어요.

어느 정도로 자유로웠느냐면 스승의 생각이라고 하더라도 반대할 수 있었어요. 의견을 들은 사람들이 그 의견이 좋고 훌륭하다고 판단하면 칭찬과 존경을, 별로라고 판단하면 비난과 무시를 보냈지요. 지금으로 치자면 SNS를 직접 얼굴을 맞대고 하는 거예요. 잘하면 '좋아요'를 눈앞에서 받는 것이지요.

그러다 보니 자연스럽게 아는 지식은 더 명확해졌고, 두루뭉술했던 설명이나 신기하기만 했던 자연 현상에도 그럴 듯한 이유가 붙었어요. 이렇듯 지식과 현상에 대해 원인을 밝히고 탐구하는 일이 자유로웠던 고대 그리스에서는 학문의 틀이 빠르게 잡혔어요.

하지만 다른 곳에서는 그렇지 않았지요. 스승이 가르치면 순종적으로 따르고, 더 좋은 방법이 있어도 함부로 나서지 않았거든요. 그런 짓을 했다가는 당장 쫓겨나 살 길이 막막해질 테니까요. 그래서 많은 사람이 학문의 시작을 고대 그리스에서 찾는 거예요. 수학도 마찬가지이고요.

2. 세상은 숫자로 이루어져 있다

√ 공부를 좋아한 아이

피타고라스는 그리스에서 문명과 문화가 발달하고 있던 시기인 기원전 580년~570년 사이에 태어났다고 해요. 태어난 곳은 에게해 동쪽, 소아시아 서해안의 많은 섬 중 사모스라는 섬이에요.

피타고라스의 고향인 사모스섬.

피타고라스의 아버지는 아들인 피타고라스가 천재라고 생각했어요. 이 시대에는 철학, 수학, 악기, 운동을 잘해야 똑똑하다는 말을 들었는데, 피타고라스는 이 네 가지를 전부 잘했거든요.

피타고라스의 스승 탈레스.

악기는 리라를 특히 잘 다뤘다고 해요.

똑똑한 아들을 잘 교육시키려면 훌륭한 선생님한테 보내야 한다고 생각한 피타고라스의 아버지는 그때 가장 훌륭하다고 알려진 탈레스에게 피타고라스를 보내요. 탈레스는 '고대 그리스 7대 현자' 가운데 한 명으로, 최초의 철학자이자 수학자로 알려져 있어요.

스승인 탈레스는 추천장을 써서 더욱 다양한 공부를 하기 원했던 피타고라스를 고대 이집트로 보내요. 최신 문물을 배우러 이집트로 간 피타고라스는 23년 동안 머물며 공부하지요.

이집트는 지리적으로 북쪽은 지중해, 동쪽은 대부분 홍해로 막혀 있어서 다른 나라가 침략하기 어려웠고, 서쪽과 남쪽은 초원, 사막 지대여서 주변에 강대국이 없었어요. 그래서 오랫동안 평화롭고 문명이 발달할 수 있었어요.

특히 땅을 정확히 재는 '측량'이 발달했는데, 나일강이 원인이지요. 이집트의 나일강은 일 년에 한 번 비가 오는 시기에 크게 범람했어요. 그 때문에 나일강 주변은 주기적으로 흙이 뒤

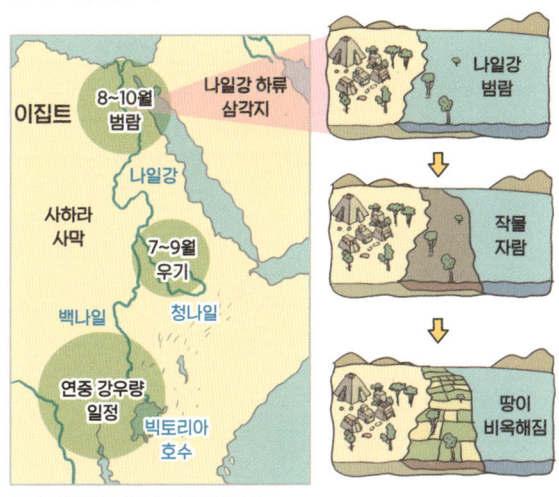

고대 이집트 나일강의 범람 모습.

섞여서 비옥했지요. 문제는 강이 한 번 범람하고 나면 어디가 내 땅이고 어디가 남의 땅인지 알 수가 없었다는 거예요. 나일강 주변은 전부 평야 지대라서 위치를 가늠할 만한 기준이 없었거든요. 그러다 보니 이것 때문에 싸움이 날 때가 많아 땅을 정확히 재는 게 아주 중요했어요.

당시 이집트에서는 측량을 전문으로 담당하는 부서가 있을 정도였어요. 측량을 하려면 계산 능력과 정밀한 도형학(기하학)이 꼭 필요하기 때문에 이와 관련된 수학도 아주 발달했지요.

피타고라스는 무려 23년 동안 이집트의 측량학과 도형학 등을 중점적으로 공부했어요. '그 사건'이 터지지 않았으면 피타고라스는 어쩌면 평생 이집트에서 공부하며 살았을지도 몰라요.

 **곰곰 쌤의 잡학 사전   기하학? 도형학!**

수학에서 '기하학'이라는 학문은 직선, 삼각형, 원 등의 도형을 연구하는 것을 말해요. 그런데 왜 '노영학'이 아닌 '기하학'이라 부를까요? 중국에서는 도형학을 뜻하는 영어 단어 '지오메트리(geometry)'의 앞부분을 비슷한 발음의 중국어 '幾何(지허)'라고 썼어요. 그런데 이걸 그대로 가져와서 우리나라식 한자 발음인 '기하'라고 읽은 거예요. 중국과 우리나라는 같은 한자라도 다른 발음으로 읽는데 말이에요.

√ 페르시아의 인질

'그 사건'이 뭐냐고요? 그 이야기를 하려면 메소포타미아 문명을 먼저 알아봐야 해요. 메소포타미아 지역은 말 그대로 '강(포타) 한가운데(메소) 있는 도시(미아)'로, 티그리스강과 유프라테스강 사이의 지역을 말해요. 지금의 이라크와 그 주변 지역인데, 이집트 문명과 함께 고대 문명의 발상지이지요. 이집트처럼 두 강 덕분에 땅이 비옥해서 농사가 잘되는 곳이었어요. 그런데 이집트와는 다르게 주변이 뻥 뚫려 있어서 전쟁이 자주 일어났어요. 모두가 갖고 싶어 하는 살기 좋은 땅이다 보니 주변의 힘센 나라는 전부 이 지역을 차지하려고 했거든요.

메소포타미아 동부의 페르시아도 마찬가지였어요. 주변에 적수가 없을 만큼 강해진 페르시아는 메소포타미아 지역의 여러 나라를 쳐들어갔어요. 주변의 살기 좋은 곳은 전쟁을 일으켜 전부 차지했거든요. 이집트까지 말이에요.

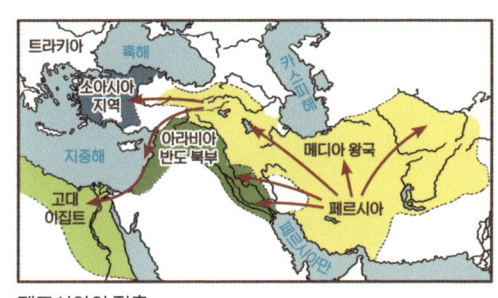

페르시아의 진출.

옛날에는 전쟁을 해서 이기면 물건이나 사람을 마음대로 가져가고 부수고 죽였어요. 이런 걸 '약탈'이라고 하는데, 페르시아도 이집트를 마음껏 약탈했답니다. 똑똑하거나 예쁘거나 힘센 사람을 종으로 부리려고 잡아갔는데, 이때 뛰어난 학자였던 피타고라스도 페르시아로 잡혀갔어요.

잡혀간 피타고라스는 페르시아 제국에서 학자들의 조수로 지냈는데, 말이 조수지 종이나 다름없었어요. 하지만 피타고라스는 어깨너머로 페르시아의 지식을 배웠어요. 특히 이집트와는 다른 방식의 수학을 열심히 공부했답니다. 그러다 12년만에 고향인 사모스섬으로 돌아가게 되었어요.

그런데 그 사이 웬 깡패 같은 못된 놈이 고향을 차지하고 있는 게 아니겠어요? 그 길로 피타고라스는 자신을 따르는 사람들과 고향을 떠나 다른 곳으로 향해요. 피타고라스 일행이 도착한 곳은 지금의 이탈리아 남부 연안에 있는 크로토네(당시의 크로톤)라는 작은 도시였어요.

√ 지식과 학문을 가르치다

피타고라스는 일행과 함께 크로토네에 정착해 평생을 보낼 결심을 해요. 그리고 자신을 따르는 사람들에게 지식을 전수해 주었지요. 곧 "들어 보지도 못한 새로운 지식과 놀라운 학문을 피타고라스라는 사람이 알려 준다."는 소문이 이탈리아 전체로 퍼졌어요. 소문을 들은 많은 사람이 피타고라스를 찾아왔고, 피타고라스의 수업을 들으려고 했답니다.

피타고라스는 찾아온 사람들을 엄격하게 심사해서 청렴하고 검소한 사람만 가려 받았어요. 그럼에도 불구하고 그 수가 엄청났지요. 이들을 사람들은 '피타고라스학파'라고 불렀고, 이때부터 '○○학파'라는 말이 생겼어요.

이들은 수업을 듣기만 하는 학생과 수업도 듣고 피타고라스와 토론도 하는 학생으로 나뉘었는데, 피타고라스는 이들과 함께 많은 것을 연구했어요. 특히 우리가 중학교에서 배우는 '피타고라스의 정리'를 이때 발견했지요.

피타고라스의 정리는 'a×a+b×b=c×c'이에요. 그런데 피타고라스가 살던 시대에는 이런 식을 쓰지 않고, 말로 설명했어요. 이렇게요.

"빗변을 한 변으로 갖는 정사각형의 넓이는 나머지 다른 두 변을 각각 한 변으로 갖는 두 정사각형의 넓이의 합과 같다."

어때요? 말로 표현한 내용과 우리가 쓰는 식을 한번 비교해 보세요. 말로 길게 쓰니 훨씬 어렵게 느껴지지요? 그래서 수학은 말로 하는 설명을 간단한 식으로 나타내는 형태로 발전했어요.

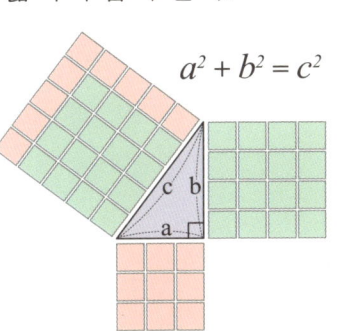

$a^2 + b^2 = c^2$

곰곰 쌤의 잡학 사전 의학의 아버지 히포크라테스

히포크라테스.

피타고라스는 수업을 들은 학생들에게 사회를 위해 공공 활동에 참여하도록 권유했어요. 그 유명한 히포크라테스도 이들 중 한 명이었지요. 히포크라테스는 '의학의 아버지'라 불리는 사람으로, 의사가 가야 할 올바른 길을 제시한 것으로 유명해요. 그래서 지금도 의사가 될 때에 '히포크라테스 선서'를 한답니다.

√ 교주가 된 피타고라스

피타고라스학파는 윤회 사상과 콩 금지를 철저히 믿고 지켰어요. 뜬금없이 '콩 금지'는 뭐냐고요? 바로 '콩을 먹지 말라'는 것이에요. 피타고라스의 제자들은 스승 피타고라스의 모든 말이 완벽하며, 스승의 말을 반드시 따라야 한다고 생각했어요. 그러다 보니 피타고라스를 가르치는 사람인 '교수님'이

콩 먹기를 거부한 피타고라스학파의 모습을 그린 16세기 그림.

아니라, 한 종교의 수장인 '교주님'처럼 모셨지요. 피타고라스가 제자들에게 왜 콩을 먹지 말라고 했는지에 대해서는 여러 의견이 있는데, 정확히는 알 수 없어요. 이것 말고도 다른 많은 지켜야 할 규율이 있었고, 제자들은 그것을 철저히 지켰답니다.

피타고라스학파의 제자들이 얼마나 피타고라스를 믿고 따랐는지를 알 수 있는 이야기가 있어요.

피타고라스가 피타고라스의 정리를 연구하는 동안 이 식이 성립하는 많은 자연수 쌍이 발견됐어요. (3, 4, 5), (5, 12, 13) 같은 숫자들이에요.

3×3+4×4=5×5   5×5+12×12=13×13

어느 날, 피타고라스의 제자 히파소스가 의문을 제기했어요.

한참 뒤에야 '1×1+1×1=○×○'을 성립하는 ○는 정확히 알 수 없는 수라는 것을 알았어요. 값이 정확하지 않으니 더하기나 곱하기 같은 사칙 연산 같은 계산도 할 수 없는 수이지요. 그리고 이런 수를 '법칙이 없는 수'라고 해서 '무리수'라고 이름 붙였어요. 그 전까지는 수는 어떤 것이든 사칙 연산이 가능하다고 믿었는데, 무리수가 발견되면서 사칙 연산이 가능한 기존의 수는 법칙이 있는 수인 '유리수'라는 새 이름을 얻었지요. 피타고라스의 정리 덕택에 숫자의 세계가 두 배 이상 넓어진 거예요.

√ 세상의 근원은 숫자

리라를 잘 켜고 음악에도 재능이 있던 피타고라스는 음악에도 '수'가 숨겨져 있다고 생각했어요. 이 세상에서 수가 가장 완전하다고 믿었으니까요.

피타고라스는 연구 끝에 소리들 사이의 힘의 관계를 숫자로 밝혀냈어요. 좀 더 어려운 말로는 '진동'과 '주파수'라고 하지요.

고대 그리스의 현악기 리라.

피타고라스는 우주도, 세계도, 음악이나 다른 모든 원리도 하나의 진리로 묶여 있고, 그 진리가 바로 '수'라고 생각했어요.

우리가 흔히 '도레미파솔라시'라고 부르는 7음 온음계는 아

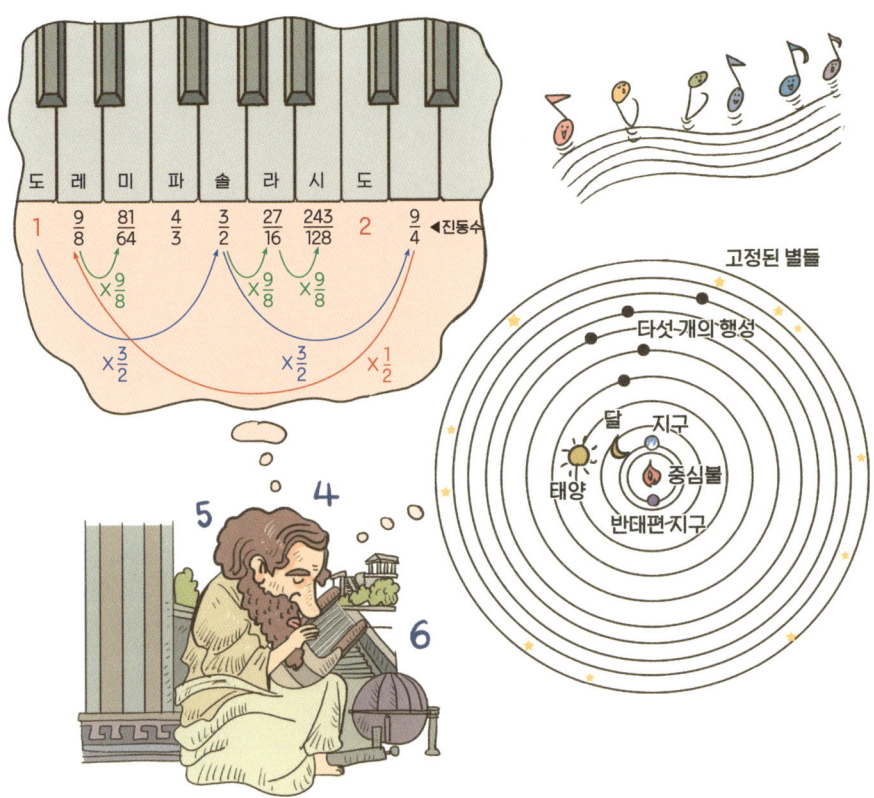

주아주 먼 옛날부터 쓰였어요. 피타고라스는 이 음계를 자연수의 비율, 즉 분수로 표현할 수 있다는 것을 깨닫고 그 분수 값을 정확하게 밝혔어요. 그리고 리라 같은 현악기의 현의 길이가 $\frac{1}{2}$, $\frac{2}{3}$, $\frac{3}{4}$ 으로 줄어들 때마다 각각 가장 잘 어울리는 음이 된다는 것, 또 그 비율을 갖는 음정이 이루는 화음이 가장 잘 어울린다는 것도 알아냈어요. 지금도 음악을 공부할 때는 이 내용을 반드시 배워야 하지요.

지금 우리가 쓰는 '도레미파솔라시'라는 음의 이름도 피타고라스가 지었다고 해요. 피타고라스는 아래 내용과 같은 의미를 음의 이름에 담았대요. '도 Dominus'는 절대자를, '레 Regina Coeli'는 달을, '미 Microcosmos'는 지구를, '파 Fata'는 행성을, '솔 Sol'은 말 그대로 태양을, '라 Lactea'는 은하수를, '시 Sidus'는 수많은 별을 가리켜요. 즉, '도레미파솔라시'라는 일곱 개의 음에 당시 사람들이 생각했던 온 우주를 표현한 거예요.

곰곰 쌤의 잡학 사전 운명과 행성의 관계

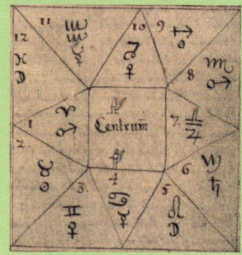

옛날부터 수성, 금성, 화성, 목성, 토성은 동서양에서 모두 특별한 별로 여겼어요. 그래서 별을 보고 점을 칠 때(점성술) 이 행성들은 특별한 운명을 나타낸다고 생각했어요.

행성 기호가 그려져 있는 18세기 아이슬란드의 점성술 그림판.

√ 피타고라스와 피타고라스학파

당시 이탈리아 사람들에게 피타고라스학파의 제자들은 엄청 대단한 지식인이었고, 자연스럽게 사회의 중요한 자리를 차지했어요. 그러면서 피타고라스학파를 나쁘게 생각하는 사람도 자연히 생겨났지요. 누군가는 피타고라스학파 사람들에게 자신의 자리를 빼앗겼으니까요.

피타고라스학파가 되기 위한 기준이 엄격한 것도 문제였어요. 엄격한 심사 기준 때문에 떨어지는 사람도 많았거든요. 이런 사람 중 일부는 피타고라스학파에 앙심을 품고 안 좋은 소문을 퍼뜨렸고, 소문이 계속되자 결국 사건이 터졌어요.

사람들이 피타고라스학파가 모인 곳에 불을 지르고, 피타고라스학파 사람을 마구잡이로 죽였어요. 피타고라스의 제자들은 다급히 스승인 피타고라스와 크로토네를 탈출했어요. 그 뒤로 피타고라스의 행방은 묘연해졌고, 소식조차 들을 수 없었지요.

　피타고라스학파 사람 대부분은 크로토네를 떠나 다른 곳으로 피신했고, 자신들이 피타고라스학파라는 것을 숨기고 지냈어요. 마치 비밀 결사단처럼요.

　그렇게 100년 정도의 시간이 흐르고, 피타고라스학파였던 필롤라오스는 위대한 스승 피타고라스를 이렇게 계속 숨기는 게

옳지 않다고 생각했어요. 그래서 피타고라스의 생애와 그가 남긴 업적, 명언, 피타고라스학파의 교리 등을 세 권의 책으로 펴냈어요.

이 소식을 당대에 가장 유명한 그리스 철학자이자 역사적으로 가장 위대한 철학자 중 한 사람으로 꼽히는 플라톤이 듣게 돼요. 플라톤은 소크라테스의 제자이자, 아리스토텔레스의 스승이며, 학교(아카데미)의 어원이 되는 아카데메이아라는 교육 시설을 최초로 세운 사람이에요. 기록을 살펴보면 좋은 집안에서 자랐고, 인격도 훌륭했으며, 머리도 비상했을 뿐만 아니라, 얼굴도 아주 잘생긴 미남이었다고 해요!

〈아테네 학당〉 그림 속 플라톤.

플라톤은 필롤라오스를 찾아가 아주 큰돈을 주고 그의 책 세 권을 사요. 비밀리에 전파되어 온 피타고라스학파의 지식이 무척 궁금했거든요. 플라톤은 필롤라오스의 책을 읽고 피타고라스학파에 푹 빠져 여기저기에 피타고라스 이야기를 하고 다녀요. 당대 최고의 인플루언서였던 플라톤의 입에서 나온 피타고라스라는 인물과 그의 업적은 순식간에 그리스 사회 전체로 퍼졌고, 그렇게 피타고라스는 다시 역사에 모습을 드러내 지금까지 전해진 거랍니다.

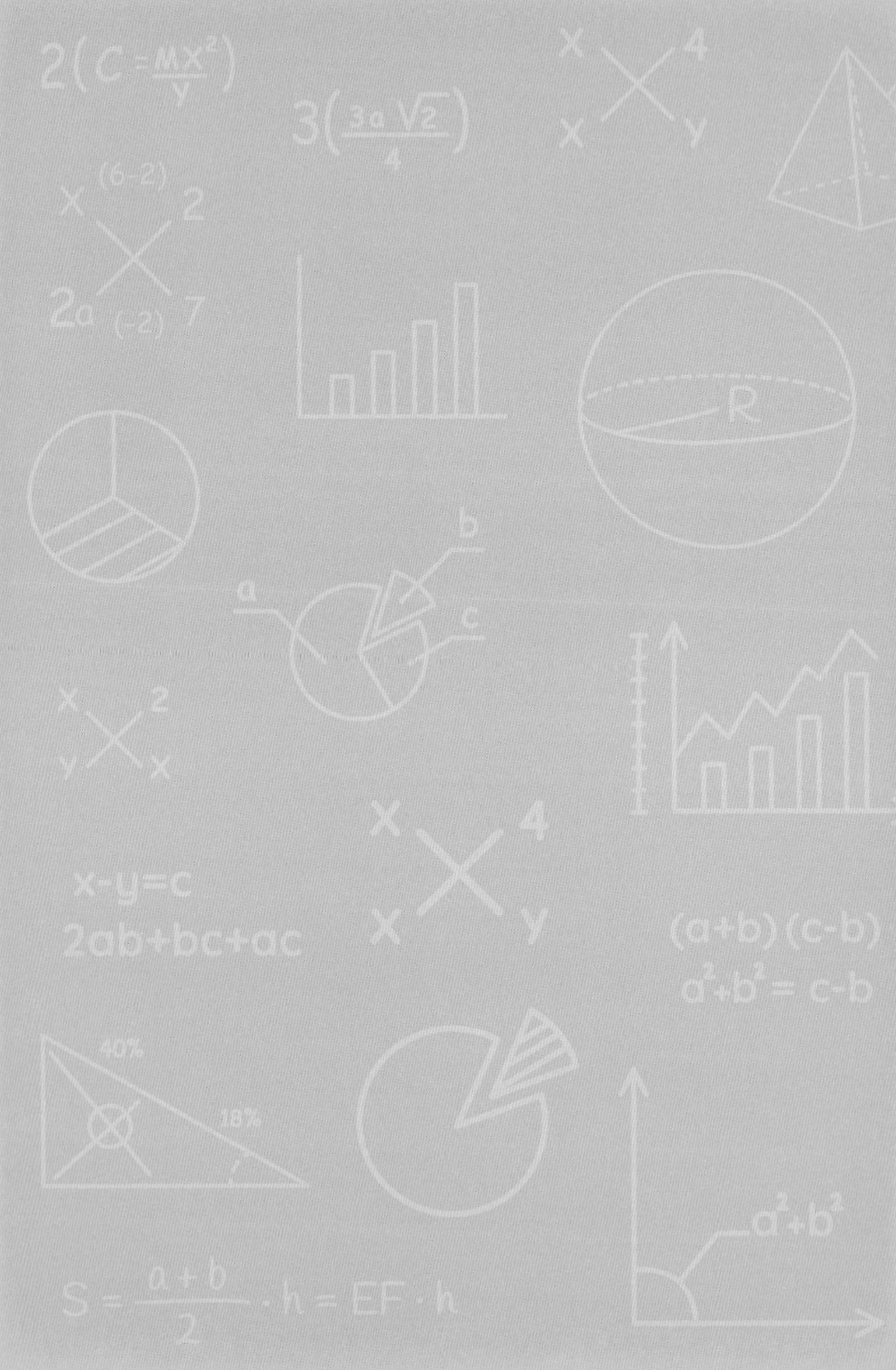

II

기원전 4세기~12세기

수학의 기틀을 세운 에우클레이데스와 피보나치

우리가 학교에서 수업을 들을 때
그 수업에 맞는 교과서로 배우지요.
그럼 옛날에도 교과서가 있었을까요?
맨 처음 교과서는 누가, 언제 만들었을까요?

1. 페르시아 제국과 알렉산드로스 제국

√ 페르시아 제국의 성장과 그리스 침공

　피타고라스 이야기에서도 나왔던 페르시아 제국은 어마어마하게 강력한 제국이었어요. 지금의 아라비아반도 북부, 이집트, 소아시아, 중동 지역, 인도 북서부 지방까지 아주 넓은 영토를 점령했지요. 그러고 나자 보스포루스 해협 건너의 영토까지 점령하고 싶었어요. 그때까지 페르시아 제국은 육지 전투에서 져 본 적이 없었거든요. 마침내 페르시아 제국은 트라키아 지방과 그리스 도시 국가들을 공격했어요.

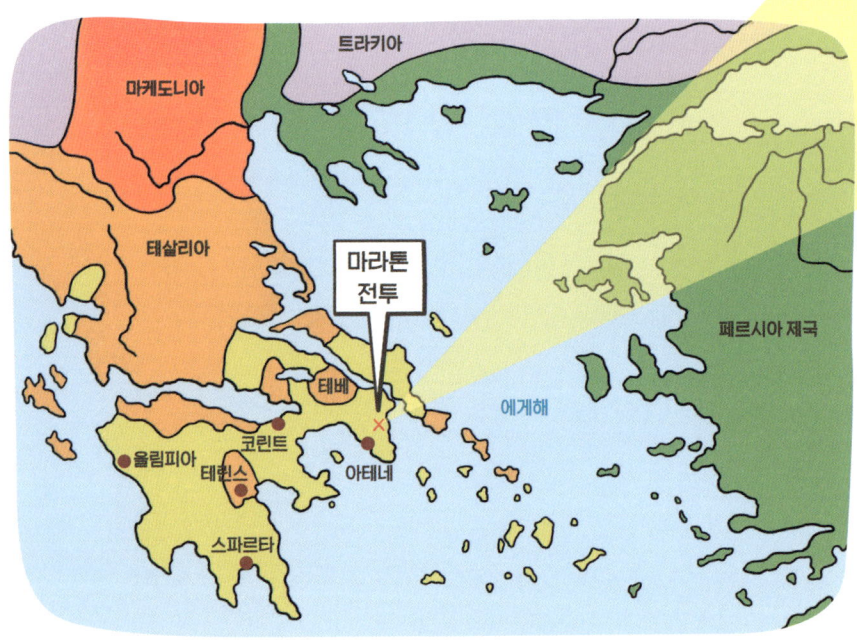

하지만 모두의 예상을 깨고 아테네를 중심으로 한 그리스 도시 국가 연합군이 승리했지요. 기적 같은 이 승리가 바로 기원전 490년, 마라톤 평야에서 치러진 마라톤 전투예요. 지금도 그 승리를 기리는 마라톤 경기가 남아 있지요.

　다시 힘을 모은 페르시아는 훨씬 더 많은 병력으로 그리스의 도시 국가를 침공했어요. 아테네와 스파르타를 중심으로 그리스의 도시 국가들은 힘을 합쳐 방어했어요. 대표적으로 좁은 계곡에서 300명의 스파르타인이 300만 명이 넘는 페르시아군을 사흘이나 막았지만 결국 전투에서는 졌던 테르모필레 전투가 있었지요.

　이후 그리스 연합군은 힘을 모아 페르시아 대군을 물리쳤어요. 이제껏 강력한 군사력으로 넓은 영토를 다스리고 있던 페르시아가 조그만 그리스 도시 국가 연합군에게 두 번이나 패하자, 사방에서 반란이 일어날 기미가 보였어요. 페르시아는 제국의 운명을 걸고 세 번째 그리스 침공을 했지요. 그리스 연합군의 우두머리였던 아테네를 불태우며 페르시아군이 승승장구했지만, 결국 그리스 연합군에게 패하고 말았어요. 그러자 페르시아 제국 곳곳에서 반란이 일어나 페르시아는 더 이상 그리스를 신경 쓸 수 없게 되었지요.

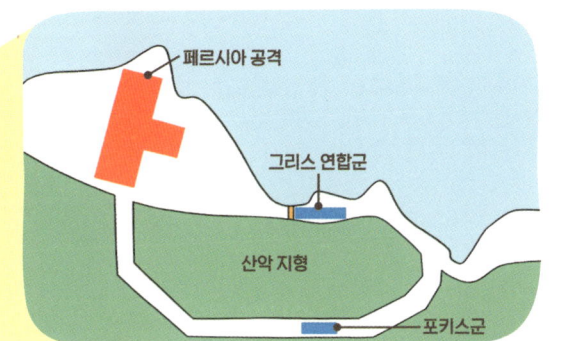

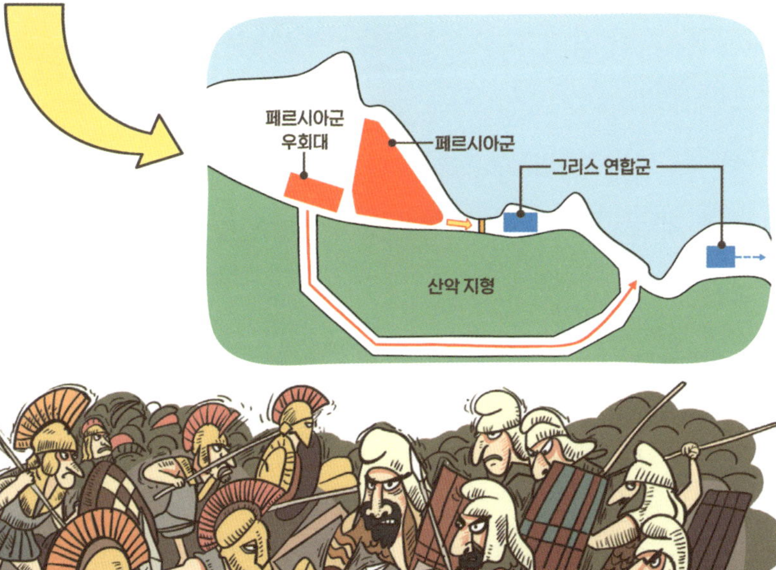

√ 절대 무적 알렉산드로스 대왕

그리스의 도시 국가들이 페르시아에게 한참 시달리고 있을 때, 지금의 그리스 북부에 있던 마케도니아 왕국은 주변국을 점령하거나 동맹을 맺으며 힘을 기르고 있었어요. 언젠가는 페르시아 제국까지 쳐들어갈 생각으로요. 당시 마케도니아의 왕자 알렉산드로스 3세는 어려서부터 강력한 무력과 카리스마로 이름을 떨쳤어요. 훗날 '알렉산드로스 대왕'이라고 불린 사람이지요.

아버지가 갑자기 죽어 알렉산드로스는 겨우 스무 살에 마케도니아의 왕이 되었어요. 나이 어린 그를 얕본 주변 나라들을 전쟁에 직접 나서 거침없이 정복해 버렸어요. 페르시아 제국이 넘보던 보스포루스 해협 건너의 소아시아 지역까지요.

페르시아는 깜짝 놀랐어요. 감히 페르시아와는 비교도 안 되는 조그만 마케도니아가 소아시아 지역은 물론, 제국 영토까지 쳐들어왔으니까요. 하지만 알렉산드로스가 이끄는 마케도니아군은 소아시아를 점령하자마자 해안을 따라 지금의 중동 지역과 이집트 지방

나, 알렉산드로스 3세 훗날 알렉산드로스 대왕으로 불리지.

까지 점령했어요.

　페르시아 제국은 몇 차례나 마케도니아군을 막으려고 했지만 그때마다 전부 패배했어요. 특히 제국의 힘을 모아 싸웠던 가우가멜라 전투의 패배는 결정적이었지요. 결국 알렉산드로

스의 마케도니아군은 페르시아 제국을 완전히 쓰러트리고, 당시 이 지역 사람들이 세상의 끝이라고 알고 있던 인도까지 정복하기 위해 진군했어요. 하지만 지니킨 원정 전쟁에 지친 마케도니아군은 인도 원정 내내 이제 충분하니 그만 돌아가자고 했지요. 하지만 알렉산드로스는 "그까짓 코딱지만 한 인도, 얼른 정복해 버리자!"라고 부하들을 설득했지만, 결국 실패했어요.

회군한 알렉산드로스는 바빌론으로 돌아왔어

요. 서쪽에 치우친 마케도니아 대신 바빌론을 새 수도로 정했거든요. 잠시 쉬면서 아라비아반도를 정복할 준비를 하던 알렉산드로스는 어느 날 아침, 갑자기 엄청나게 열이 났어요! 깜짝 놀란 부하들이 독에 당했다고 생각하고 의사를 데려왔지만, 확인 결과 독은커녕 어떤 병도 발견하지 못했어요. 그 뒤 점점 열이 심해진 알렉산드로스 대왕은 열흘 만에 사망했어요. 서른세 살의 젊은 나이로 원인을 알 수 없는 죽음을 맞고 말았지요.

드넓은 알렉산드로스 제국은 알렉산드로스의 부하들이 나누어 다스리고 있었는데, 강력한 카리스마의 젊은 왕이 갑자기 죽자 혼란에 휩싸였어요. 그러다 자연스럽게 각 지역을 다스리던 부하들이 그대로 그 지역의 왕이 되었고, 제국은 분열되지요. 이때 알렉산드로스 제국의 장군으로 이집트 지역을 다스리던 프톨레마이오스도 알렉산드로스 대왕이 죽자 지금의 이집트를 차지하고 스스로 왕이 되었어요.

 **곰곰 쌤의 잡학 사전** 알렉산드로스 대왕의 말라리아 감염설

알렉산드로스 대왕이 알 수 없는 병에 걸리자, 많은 의사가 왕을 살리기 위해 노력했어요. 그 노력 중 하나로, 왕의 상태와 병의 진행 상황을 자세히 기록했지요. 물론 당시 의사들은 대왕의 질병 원인도 밝혀내지 못했고, 치료도 못했지만, 현대의 의사들은 그 기록을 바탕으로 대왕의 질병을 진단했어요.

결과는 말라리아. 왕이 쓰러진 바빌론 근처에는 없지만, 인도 원정을 나갔을 때 지났던 밀림 지역에서는 흔한 병이었고, 거기에서 감염되었을 것으로 추정해요.

그런데! 여기에는 여전히 의문점이 남아 있어요. 대왕이 죽은 시기가 인도 원정에서 돌아오고 나서도 한참이나 지난 다음이었다는 것이지요! 말라리아가 맞다면 진작에 발병했어야 했는데, 오랜 시간이 지난 뒤에 발병하는 건 말이 안 된다는 거예요!

증세는 말라리아인데, 상황과 시기가 맞지 않아요. 과연 어떻게 된 일일까요?

2. 수학 교과서 《원론》의 완성과 숫자의 전파

√ 에우클레이데스의 지루한 수학 수업

이집트의 왕이 된 프톨레마이오스 1세는 생각보다 왕이 해야 할 일이 많다는 걸 깨달았어요. 특히 나일강이 매번 넘치는 바람에 이집트에서는 '측량'이 아주 중요하잖아요? 왕도 어느 정도는 측량에 대해 알아야 했어요. 하기 싫어도 수학을 꼭 공부해야만 했던 거죠. 그래서 그때 가장 유명

영국 런던 대영 박물관에서 소장하고 있는 프톨레마이오스 1세 소테르의 두상.

한 수학 선생님을 모셔 왔는데, 그 사람이 바로 '에우클레이데스'였답니다. 영어식으로 부르면 '유클리드'라고 해요.

사실 에우클레이데스는 뛰어난 수학자로도 유명했지만, 성격이 깐깐하기로도 유명했어요.

한번은 에우클레이데스가 가르치는 수업 시간에 한 학생이 너무 지루하다며 이걸 배워서 어디에 쓰느냐고 푸념했어요. 그 소리를 들은 에우클레이데스는 "돈 벌려고 공부하는 거라면 이거나 받고 썩 나가거라!" 하면서 그 학생에게 동전 세 닢을 주고 교실에서 쫓아냈다고 해요.

프톨레마이오스 1세 역시 깐깐한 선생님의 지루한 수학 수업을 참기가 힘들었어요. 수업이 정말 너무너무 딱딱하고 재미가 없었거든요.

프톨레마이오스 1세가 한번은 에우클레이데스에게 너무 힘들다고 푸념했다가 "공부에는 쉽게 가는 길 따위 없다"고 혼났답니다. 왕에게도 할 말을 하다니, 에우클레이데스는 진짜진짜 깐깐한 사람이었나 봐요.

〈아테네 학당〉 그림에 묘사된 컴퍼스로 도형을 그리고 있는 에우클레이데스.

√ 수학 교과서를 완성한 에우클레이데스

왕의 부탁이 마음에 걸렸는지, 아니면 가르치면서 교과서의 필요성을 느꼈는지, 그것도 아니면 갑자기 정리하고 싶은 마음이 들었는지 알 수 없지만, 에우클레이데스는 제자들과 함께 그때까지 알려진 기하학의 모든 내용을 정리했어요. 필요한 내용은 추가해서 넣고, 틀린 부분은 고치고, 자신이 제자들과 연구한 자료도 더해 가며 성격 그대로 꼼꼼하고 깐깐하게 검토해 그야말로 완벽한 기하학의 교과서를 완성했지요. 그 책의 이름이 바로 《원론》이에요.

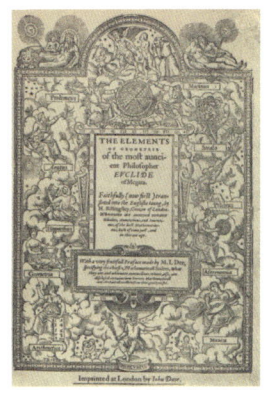
《원론》 영어판 표지.

열세 권으로 이루어진 《원론》은 20세기 초까지 무려 2300년 넘게 수학의 교과서로 활용되었어요. 지금도 우리가 초등학교, 중학교, 고등학교에서 배우는 도형에 대한 내용은 전부 이 책에 정리되어 있는 내용이에요.

하지만 이 책을 직접 읽어 보면 엄청 지루해요. 심지어 직접 읽어 보려고 스스로 도전한 사람마저도 혀를 내두를 정도이지요. '아아, 프톨레마이오스 왕이 참 힘들었겠구나!' 하고 절로 고개를 끄덕이게 될 걸요.

프톨레마이오스 왕 힘들었던 거 인정!

 **곰곰 쌤의 잡학 사전** 밝혀지지 않은 사실

에우클레이데스가 워낙 옛날 사람이다 보니 알려진 바가 별로 없어요. 이름이 그리스식이고, 당시 사람들도 전부 그를 그리스 수학자라고 알고 있지만, 그것만으로는 에우클레이데스가 그리스 사람이라고 확신할 수는 없답니다. 또 자료에 남아 있는 에우클레이데스의 활동은 모두 이집트에서의 내용뿐인데, 이것만으로 이집트 사람이라고 말할 수도 없어요. 그러다 보니 이 위대한 수학 선생님이 그리스 사람인지 이집트 사람인지를 두고 두 나라가 지금도 다투고 있어요. 서로 자기 나라의 위대한 학자라고 주장하면서요.

√ 인도-아라비아 숫자를 유럽에 알린 피보나치

《원론》을 쓴 에우클레이데스만큼이나 유럽 수학 발전에 큰 영향을 끼친 사람이 바로 피보나치예요. 정확하지는 않지만, 피보나치는 1170년경 피사에서 태어난 걸로 알려져 있어요. 기울어진 탑(사탑)으로 유명한 피사는 로마에서 북쪽으로 해안을 따라 쭉 올라가면 나오는 해안 근처의 도시예요.

그의 아버지 보나치는 피사의 국제 무역을 담당하는 직책에 있었는데, 현재의 북아프리카 알제리 동북쪽 지역으로 파견을 가게 되었지요. 파견을 가면 그곳에 몇 년은 머물러야 했기 때문에 가족이 모두 함께 파견된 곳으로 갔답니다.

피보나치가 태어난 피사.

곰곰 쌤의 잡학 사전 피보나치의 진짜 이름은?

사실 '피보나치'는 이름이 아니에요. '보나치 씨 아들'이라는 뜻이랍니다. 게다가 '보나치'도 이름이 아니라 '성실한'이라는 뜻의 별명이었어요. 우리가 알고 있는 피보나치의 진짜 이름은 '레오나르도'예요. 피사 출신이었기 때문에 '레오나르도 다피사(피사의 레오나르도)'라고 부르거나, 별명을 붙여서 '레오나르도 피보나치'라고 불렀어요. 이때 유럽의 평민은 성이 없었는데, 이렇게 이름이 전해져 내려오자 후대 사람들이 '피보나치'를 성으로 착각해서 '피보나치'라고 부르게 된 거지요.

레오나르도 피보나치.

아버지를 따라 북아프리카에 간 피보나치는 엄청난 충격을 받아요. 바로 지금 우리가 당연하게 쓰고 있는 '인도-아라비아 숫자'를 만났거든요!

피보나치가 살던 때의 유럽은 천 년도 넘게 로마 제국의 로마 숫자를 썼어요. 예를 들어 XXIII(23)이나 XVI(16) 같은 식으로요. 이 로마 숫자를 아라비아 숫자로 바꾸면 X는 10, V는 5, I는 1이 되지요. 로마 숫자로 더하기나 빼기는 어렵지 않은데, 곱하기나 나누기는 엄청나게 어려웠어요. 이 시대에 곱셈과 나눗셈을 할 줄 아는 사람은, 지금으로 따지면 대학교 졸업 후 따로 곱셈 대학원을 나온 사람 정도였지요. 그러니 곱셈만 잘해도 엄청 똑똑한 사람으로 여겼어요. 그런데 피보나치가 북아프리카에서 본 아라비아 상인은 누구라도 너무 쉽게 곱셈을 하는

범선 커티 사크에 표기되어 있는 로마 숫자.

거예요! 알고 보니 그게 다 '0'이 있는 인도-아라비아 숫자 덕택이었어요!

세계 여러 나라는 각자 수를 나타내는 문자가 있었는데, 인

도-아라비아 숫자에서만 유일하게 0을 써서 숫자를 쓰기도 편하고, 계산도 엄청 쉽게 순식간에 할 수 있었어요. 그 사실을 깨달은 피보나치는 인도-아라비아 숫자와 계산 방법을 열심히 배워서 고향에 돌아가 이 숫자를 알려야겠다고 생각했어요. 이렇게 편한 숫자를 이용한 계산법이 있다는 걸 알린다면, 다들 수학을 잘하게 될 테니까요!

그렇게 몇 년 뒤, 고향인 피사로 돌아온 피보나치는 자신이 배워 온 인도-아라비아 숫자를 널리 알렸어요. 피보나치는 당연히 모두 기뻐하며 인도-아라비아 숫자를 배워서 쉽게 계산을 하고, 인도-아라비아 숫자를 알린 피보나치를 환영하리라 생각했지요. 그런데 현실은 그렇지 않았어요. 오히려 거부하는 사람이 많았지요.

이유는 몇 가지가 있었어요.

첫 번째 이유는, 사람들이 뭔가를 더 배우기 싫어한다는 것이었어요. 여러분도 생각해 보세요. 더 쉬운 방법이 있다고 해도 그걸 또 배우는 건 귀찮죠? 옛날 사람들도 마찬가지였어요. 대부분의 사람은 훨씬 더 쉬운 숫자가 있다고 해도 공부하는 걸 너무 싫어

했어요.

두 번째 이유는, 사람들이 자신들의 것을 자랑스러워했기 때문이에요. 이미 로마 제국 때부터 쓰던 역사 깊은 우리 것이 있는데, 굳이 남의 것을 가져다 쓸 필요가 없다는 거였지요.

세 번째 이유는, 권력을 잡고 있는 기득권층의 반대였어요. 어렵고 힘들게 로마 숫자로 곱하기를 배워서 대접받으며 계산을 하고 있는데, 갑자기 초등학생도 쉽게 배워 곱셈을 할 수 있는 숫자가 나타나다니요! 대접받던 소위 똑똑하다고 자부하던 사람들은 용납할 수 없었죠.

이런 이유들 때문에 유럽에 인도-아라비아 숫자가 널리 쓰이게 되는 데에는 400년이 넘는 오랜 시간이 걸렸답니다.

하지만 오늘날 인도-아라비아 숫자가 널리 쓰여 수학이 크게 발전한 것을 보면 피보나치의 노력은 결코 헛되지 않았지요. 만약 지금까지 인도-아라비아 숫자가 없어서 곱셈하는 데 오랜 시간이 걸렸다면, 지금 우리가 누리는 생활 속의 편리한 기술은 없었을지도 몰라요.

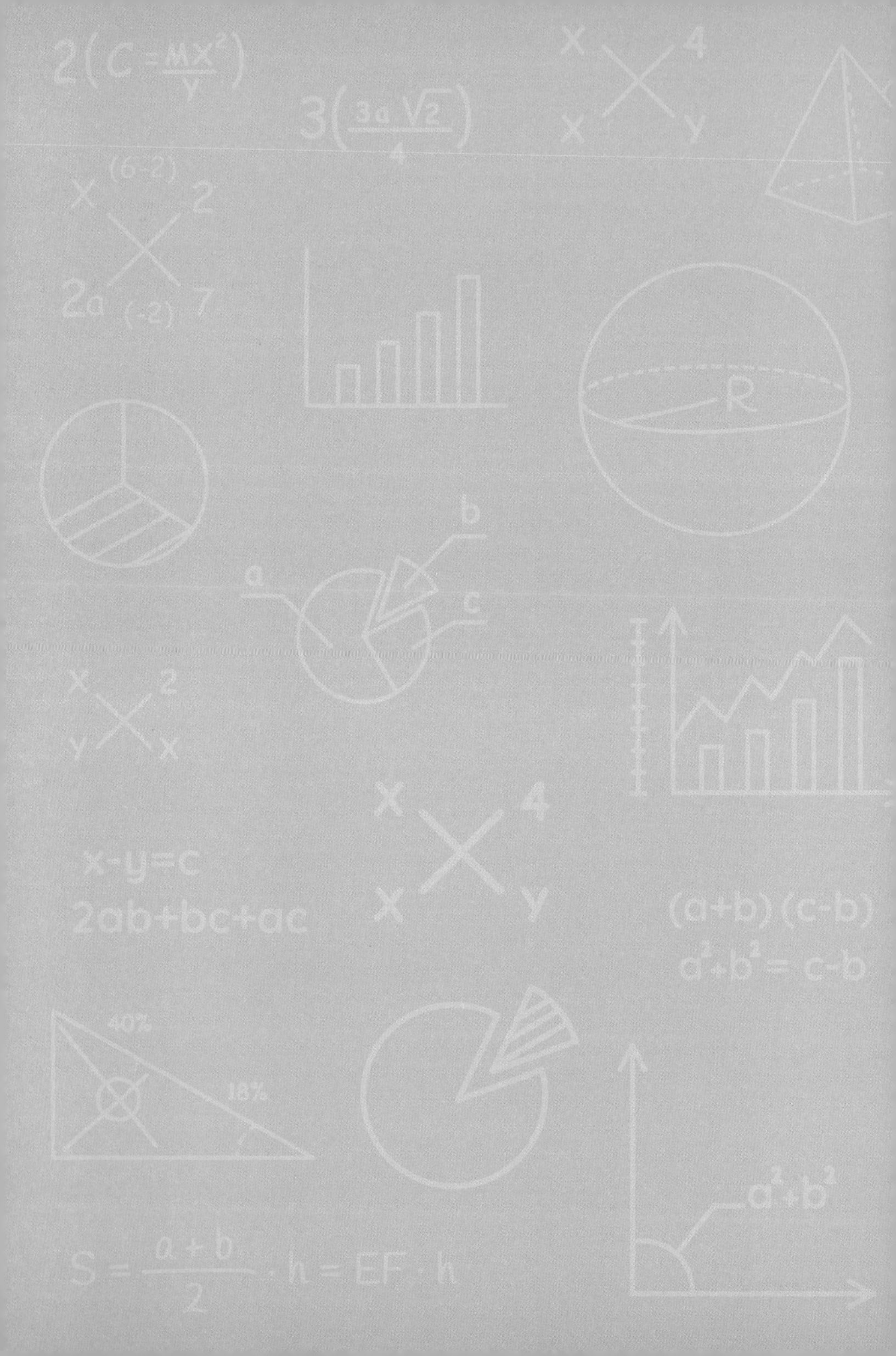
x-y=c
2ab+bc+ac
(a+b) (c-b)
40%
18%

17세기

수학자 아닌
수학자 페르마

수학을 이야기할 때 빼놓을 수 없는 수학 천재이지만,
정작 수학자는 아닌 사람을 알고 있나요?
그 사람은 바로 17세기를 대표하는 수학자 페르마예요!
페르마가 왜 수학자가 아닌 수학자인지 알아볼까요?

1. 17세기 대혼란의 유럽

√ 페스트의 유행

페르마를 알아보기 위해서는 우선 페르마가 태어나기 전에 벌어진 유럽의 큰 사건을 알아야 해요. 바로 무시무시한 질병인 페스트의 2차 대유행이에요.

페스트는 보통 '흑사병'이라고 부르는데, 공기, 접촉, 매개체 등 다양한 경로로 병이 전염

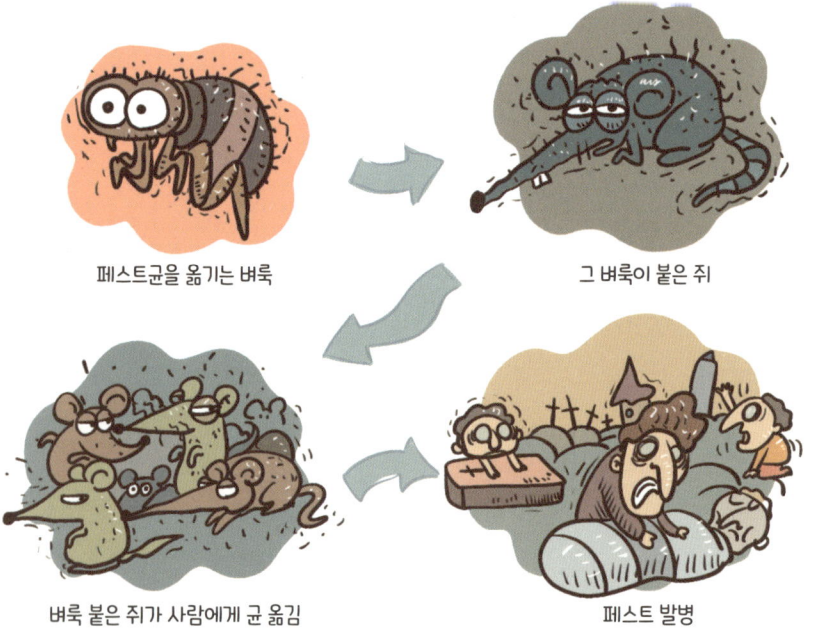

페스트균을 옮기는 벼룩 — 그 벼룩이 붙은 쥐 — 벼룩 붙은 쥐가 사람에게 균 옮김 — 페스트 발병

되고, 일단 걸리면 페스트 전용 치료제를 사용하지 않는 한 거의 100퍼센트 사망에 이르는 아주 무서운 전염병이에요.

전염 매개체가 주로 쥐라서 쥐만 없으면 페스트가 전염되지 않는다고 잘못 알고 있는 사람도 있어요. 그러나 쥐보다는 숨쉬기와 감염자와의 접촉으로 페스트에 더 많이 감염되기 때문에, 아주아주 무서운 질병이었답니다.

역사적으로 페스트는 소규모 지역에서 종종 나타나 끔찍한 피해를 입히기도 했지만, 전 세계에 걸쳐 무시무시한 피해를 입힌 때도 세 번이나 있었어요.

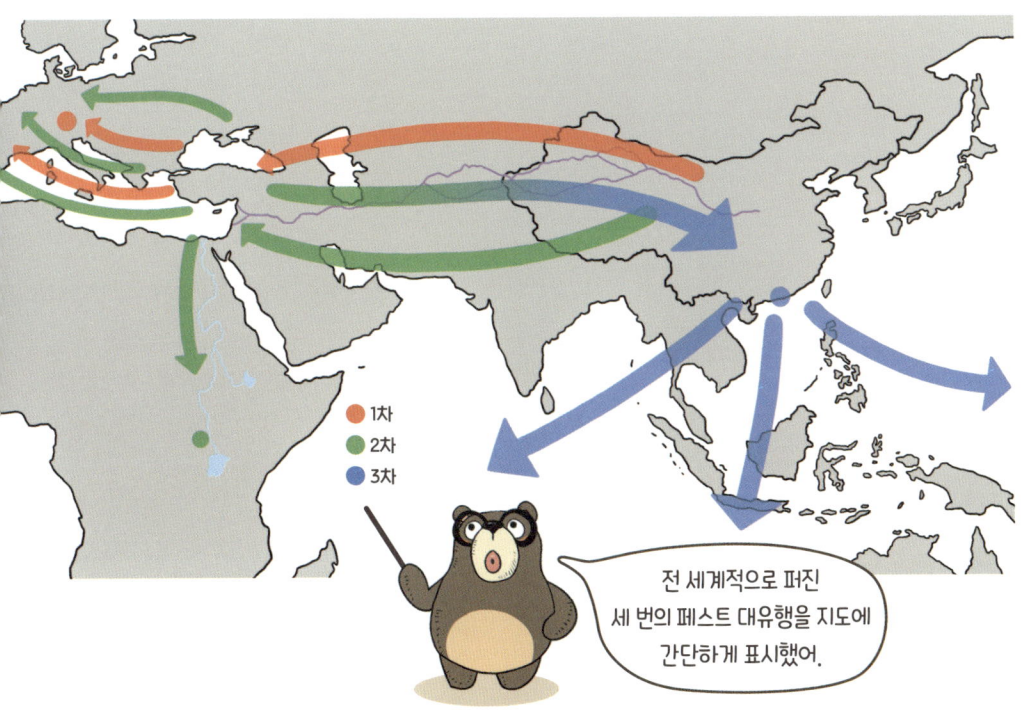

전 세계적으로 퍼진 세 번의 페스트 대유행을 지도에 간단하게 표시했어.

6세기경 이집트 부근에서 시작된 것으로 추정되는 페스트 1차 대유행은 8세기경까지 이어지면서 동로마 제국의 거의 모든 영토와 서부, 북부 유럽까지 퍼졌어요.

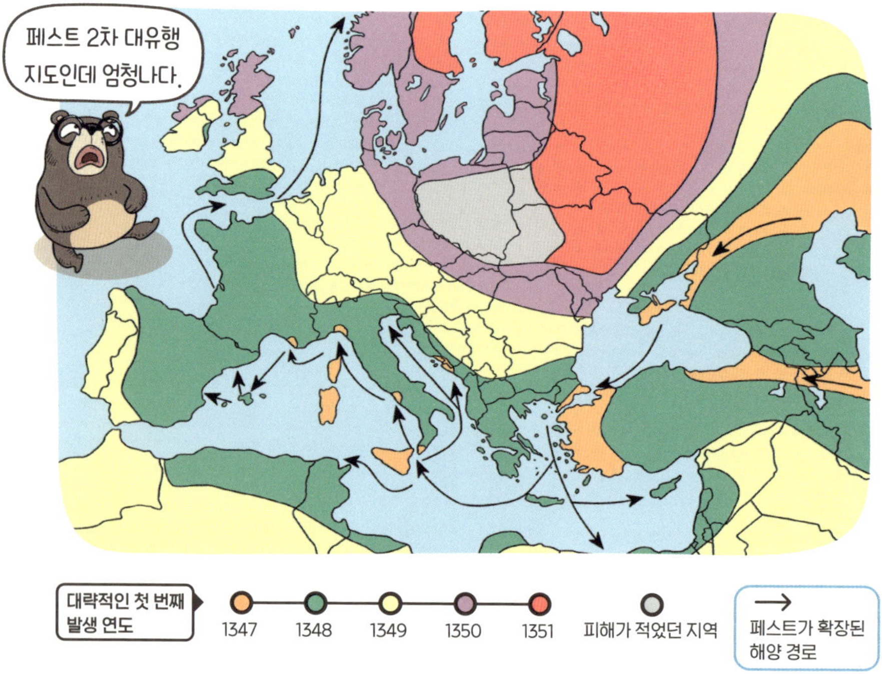

14세기 중앙아시아에서 시작된 것으로 추정되는 2차 대유행은 서쪽으로는 바다 건너 영국까지, 동쪽으로는 동남아시아를 비롯해 중국까지 크게 유행하며 어마어마한 사상자를 남겼어요.

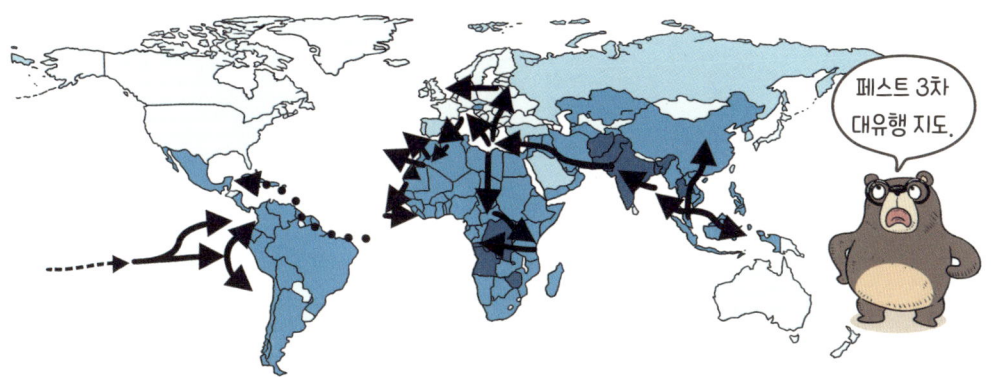

3차 대유행은 중국 윈난성에서 시작된 것으로 추정되고, 19세기 중반쯤 시작되어 전 세계로 퍼졌어요. 워낙 피해가 광범위해서 정확한 통계를 내기는 어렵지만, 중국과 인도에서 사망한 인구만 1200만 명이 넘는 것으로 알려졌어요. 그래도 대략 20세기 중반쯤 페스트 환자가 엄청 줄었기 때문에 3차 대유행은 종료되었다고 보고 있어요.

이 세 번의 대유행 중 2차 대유행이 유럽에 끼친 피해는 어마어마해요. 피해가 너무 커서 피해 상황을 정확히 알기는 어렵지만, 유럽으로 퍼진 지 4년

유럽에서 페스트 2차 대유행 때의 모습을 묘사한 피터르 브뤼헐의 〈죽음의 승리〉 그림.

만에 유럽 인구가 3분의 1 이상 줄어든 것으로 파악되었고, 최종적으로 유럽 인구의 거의 절반에 가까운 인구가 2차 페스트 대유행으로 사망한 것으로 추정돼요. 페스트가 얼마나 무시무시한 질병인지 알 수 있겠죠?

지금은 페스트가 어떤 질병이고, 어떤 백신을 써야 하는지, 어떻게 치료해야 하는지에 대해 연구, 개발되어 있지만, 당시만 해도 이 병이 대체 어떤 병이고, 어떻게 전염되며, 어떤 특징이 있는지 몰랐어요. 알려진 것이라고는 사람에게 옮기는 전염병이며, 병에 걸리면 신체 부위가 까맣게 변한다는 게 전부였지요.

물론 당시의 의사들도 이 병에 대해 알기 위해 노력했지만, 지금과 달리 기술력과 정확한 의학 지식이 없었기 때문에 잘못된 치료 방법이 알려지거나, 공포에 질린 사람들이 이상한 소문을 퍼트리고 믿는 일이 더 많았어요. 그래서 부리가 달린 가면 같은 걸 뒤집어쓴 채 페스트를 고친다는 의사가 있었고, 무분별한 마녀 사냥이나, 고양이 학살 같은 일이 이곳저곳에서 마구 일어났어요.

√ 마녀와 고양이를 없애자!

'마녀 사냥'은 마녀를 잡는 것을 말해요. 원래 마녀란 악마를 추종하는 여성을 가리키는데, 사람들에게 해를 끼치는 악마와 마녀는 공포와 증오의 대상이었지요. 그래서 마녀라고 알려지면 바로 잡아갔어요.

페스트는 전염 속도도 굉장히 빠른 데다가 일단 걸리면 99.9999퍼센트 사망했지요. 약 일주일 정도 잠복기(병에 걸렸지만 증상이 드러나지 않는 기간)를 거쳐, 발병 후 빠르면 여덟 시간, 늦어도 일주일 안에 사망할 정도로 무시무시한 병이에요.

원래 이렇게 치사율(병에 걸린 사람들 중 죽는 사람의 비율)이 높은 병은 전염이 잘되지 않아요. 전염되기도 전에 사람들이 죽어 버리니, 전염될 틈이 있겠어요? 그런데 페스트는 전염도 무시무시하게 빠르고, 사망률도 어마어마하게 높은 특이한 경우였지요. 그러니 공포에 빠진 사람들은 이렇게 엄청난 질병이 저절로 생길 리 없다고 생각했어요. "누군가 악마의 힘을 빌려서 퍼트린 게 틀림없다!"고 말했지요. 사람들은 조금이라도 이상해 보이는 사람을 마구잡이로 악마나 마녀로 몰았어요. 죄 없는 사람까지도요. 특히 마녀

14세기에 그려진 마녀를 화형시키는 그림.

로 몰려서 죽는 여자들이 많았어요. 보통 마녀 사냥이라고 하면 이렇게 죄 없는 사람이 억울한 누명을 쓰고 죽는 일을 가리켜요.

마녀하면 떠오르는 동물이 뭘까요? 맞아요, 검은 고양이에요. 그래서 사람들은 검은 고양이를 한데 몰아서 죽였지요. 그런데 문제는 이 '검은색'이에요.

어떤 고양이가 검은 고양이일까요? 온몸의 털 색깔이 모두 검은색인 고양이? 발이 검은 털인 고양이? 몸 어딘가 검은 털이 있는 고양이?

사람들은 그저 검은 고양이라고 생각되면 전부 죽였어요. 그런데 이런 행동이 최악의 결과를 불러왔어요.

페스트는 주요 감염 경로가 숨쉬기, 감염자와 접촉 말고도 쥐를 통한 전염이 있어요. 정확히는 쥐에 기생하는 벼룩에 기생하는 기생충이 문제이지만, 어쨌든 쥐의 수가 적으면 문제가 줄어들겠죠. 그런데 오히려 쥐의 천적인 고양이가 엄청나게 줄어들었으니, 쥐의 수가 훨씬 늘었고, 결과적으로 페스트의 전염이 더 심해져 버린 거예요.

페스트에 감염된 쥐벼룩.

이런 상황이다 보니 사람들이 얼마나 쉽게 신경질을 부리고 폭력을 휘둘렀겠어요. 농사도 제대로 못 지어서 굶주리는 사람은 계속 늘어났고, 배고픈 사람들이 이성을 잃은 채 폭력적으로 변하는 일이 자주 일어났답니다.

페르마의 아버지도 이런 폭력 사태에 휘말려 페르마가 태어나기 전에 사망하고 말았어요.

2. 수학을 연구한 변호사

√ 페르마, 《원론》에 빠지다

페르마의 어머니는 페르마가 어릴 때부터 항상 말했어요.

"피에르(페르마의 이름)야, 넌 공부 열심히 해서 크면 판사나 변호사가 되어야 한다."

왜냐하면 어머니의 가문이 법학과 법의학 쪽 가문이었거든요.

페르마는 열심히 공부해서 정말 법학과에 진학해 변호사가 되었지요. 그러다 서른 살을 넘긴 무렵, '그 책'을 읽어요. 네! 바로 '그 책'이에요! 에우클레이데스의 《원론》말이에요!

《원론》을 처음 읽은 페르마는 깜짝 놀랐어요. "이렇게 재밌는 책이 있다니!" 하고요. 물론 우리가 보기에는 재밌기는커녕 뭐 이렇게 어렵고 복잡한 책이 있나 싶지만요. 수학의 천재들에게 에우

클레이데스의 《원론》은 고양이들의 츄르 같은 책인가 봐요.

페르마는 그 이후 약 5년에 걸쳐 틈만 나면 《원론》을 읽으며 공부했어요. 당시 유럽은 페스트 때문에 인구가 많이 줄었는데, 변호

변호사이자 수학자였던 페르마.

사도 마찬가지였기 때문에 변호사인 페르마는 엄청 바빴다고 해요. 그런데도 바쁜 시간 틈틈이 혼자 《원론》을 공부한 거예요.

《원론》을 다 읽고 난 페르마는 수학을 더 공부하고 싶었어요. 하지만 당시에는 지금처럼 문제집이나 참고서가 많지 않았고, 《원론》 말고는 딱히 수학 교과서라 할 만한 책도 없었지요. 그래서 페르마는 다른 수학자를 수소문해서 연락을 주고받으며 그들의 논문과 이론을 공부했어요.

어느덧 페르마는 수학을 배우는 사람이 아니라 연구하는 사람이 되었어요. 다른 수학자들의 실력을 뛰어넘고도 남았으니까요.

페르마는 나이에 관계없이 여러 수학자와 교류한 것으로 유명해요. 그중에는 페르마보다 열여섯 살이나 어린 프랑스의 수학자 블레즈 파스칼도 있었어요. 파스칼은 어려서부터 수학 천재로 유명했지요.

파스칼도 어린 시절 회계사였던 아버지의 서재에서 발견한 '그 책'에 그

만 푹 빠져 버렸다고 해요. '그 책' 알죠? 에우클레이데스의《원론》이요! 책이 너무 재밌어서 잠도 안 자려는 파스칼 때문에 부모님이 책을 숨겨야 할 정도였대요. 수학 공부가 너무 재밌어서 잠도 안 자려고 했다니, 정말 천재가 맞는 것 같죠?

어떤 이야기에서는 어려서부터 뛰어난 재능을 보이는 파스칼을 보고 아버지가《원론》을 주자, 재미있어 하며 밤새워 책을 읽었다고도 해요.

뭐, 어느 쪽이든 파스칼이《원론》이 너무 재미있어 한 나머지 밤새 공부한 건 사실인가 봐요.

블레즈 파스칼.

곰곰 쌤의 잡학 사전 일찍 생을 마감해 안타까운 파스칼

13세
기하학 이론 발표

《원론》덕분에 수학에 푹 빠진 파스칼은 열세 살에 새로운 기하학 이론을 발표하고, 열네 살에 프랑스를 대표하는 프랑스 학술원 수학자 모임에 참여해요. 열여섯 살에는 '파스칼의 정리'를 발표했어요. 그 당시 사람들이 어린아이가 이런 천재성을 발휘했을 리 없다며, 아버지가 대신 쓴 것 아니냐고 의심할 정도였지요. 결국 열일곱 살에 '파스칼의 정리'를 이용한 응용 이론을 발표해서 이 의심은 사라

16세
파스칼의 정리 발표

졌어요. 심지어 열아홉 살에는 회계사인 아버지가 계산 때문에 밤늦게까지 일하는 것이 안타까워, 아버지를 위해 세계 최초의 계산기 '파스칼 라인'을 발명했다고 해요.

파스칼 계산기.

많은 사람이 이런 파스칼이야말로 세상을 뒤흔들 수학자가 될 거라고 생각했어요. 어쩌면 17세기를 대표하는 수학자는 페르마가 아니라 파스칼이 되었을지도 몰랐지요. 독실한 카톨릭 신자였던 파스칼이 신학에 집중하느라 수학을 내버리지만 않았다면요.

신학에 집중하던 파스칼이 3년 만에 수학으로 돌아온 것은 어떤 도박꾼이 낸 문제 때문이에요. 이 문제는 단순하면서도 어려워서 파스칼의 관심을 단숨에 사로잡았지요. 그리고 이 문제를 풀기 위해서 페르마와 교류했어요.

결국 페르마와 파스칼이 이 문제를 해결해 가는 과정에서 현대 확률 이론의 틀이 잡혔지요. 고등학교 수학 교과서에 '확률과 통계'라는 부분이 있는데, 여기에서 파스칼의 이름을 볼 수 있어요.

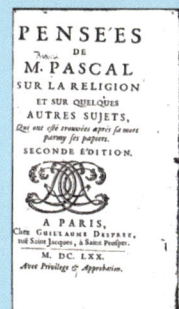

그 뒤 파스칼은 마차 사고를 겪지만, 별 부상 없이 넘어가요. 그러나 이 사건을 계기로 신학과 문학에 더욱 더 심취해요. 그러다 지독한 두통에 시달리던 서른아홉 살의 파스칼은 갑자기 사망하지요. 그리고 이 무렵 남긴 자료를 정리하여 책으로 낸 것이 《팡세》예요.

《팡세》.

17세
파스칼의 정리 응용 이론 발표

파스칼라인.
19세
계산기 발명

39세
사망

√ 고집쟁이 페르마

페르마는 절대 논문을 발표하지 않는 똥고집으로 유명했어요.

예를 들어 수직선이나 그 수직선 두 개로 만든 좌표 평면은 도형을 다루는 학문에서 정확한 값을 계산할 때 편리하게 쓸 수 있어요. 이것은 중학교 1학년 때 배우는데, 수학에서 중요한 기초가 되는 분야예요. 이것도 페르마가 먼저 연구하고 개발한 것 중 하나였지만, 공식적으로 논문을 작성하고 발표하지 않

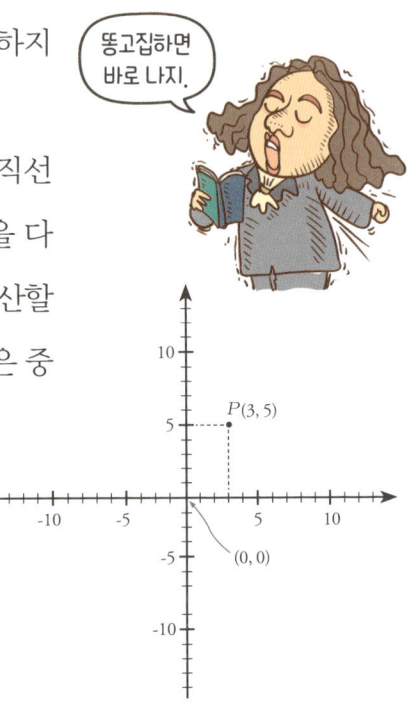

x축과 y축을 사용한 데카르트 좌표 그래프.

았기 때문에 페르마의 업적으로 역사에 기록되지는 않았어요.

르네 데카르트.

약 5년 뒤에 체계적으로 논문을 발표한 르네 데카르트의 업적이 되었지요. 그렇다고 데카르트가 페르마의 업적을 훔친 건 아니에요. 데카르트는 페르마와는 별개로 혼자 연구했던 거니까요.

이것 말고도 페르마는 수학의 여러 분

 **곰곰 쌤의 잡학 사전** 몸이 약했던 데카르트

르네 데카르트는 어려서부터 몸이 무척 약했어요. 그래서 하루 중 많은 시간을 침대에서 보내야 했고, 평생 한 운동 중 가장 격렬한 운동이 산책이었다고 할 정도로 병약한 삶을 살았다고 해요. 그래서였을까요?
침대에 누워서 천장을 보던 데카르트는 천장의 격자무늬에 앉아 있는 파리를 보고 좌표 평면의 아이디어를 얻었다고 해요.
침대에 누워 있던 데카르트가 너무 아파서 정신이 멍하고 비몽사몽 헤맬 때 했던 말이 그 유명한 "나는 생각한다. 그러므로 나는 존재한다."라는 이야기도 있어요.
데카르트는 평생을 건강하지 못하게 살다가, 54세에 폐렴으로 사망했어요.

야에서 많은 업적을 이루지만, 그 내용을 정리해서 논문으로 발표하지는 않았어요. 그러면서 항상 이렇게 말했죠.

"난 수학자가 아니라니까. 수학자도 아닌 내가 수학 논문을 왜 발표하겠냐고."

그러면서도 페르마는 수학자들한테 풀기 어려운 문제를 내거나

엄청 어려운 문제를 보여 주면서 "나는 이거 풀 수 있는데, 너는 할 수 있어?" 하고 약 올리는 걸 엄청 좋아했대요. 그나마 이런 성격 덕분에 페르마가 연구한 내용 중 많은 부분이 알려지게 된 거랍니다.

페르마가 남긴 업적은 주로 다른 수학자와 나눈 편지에 남겨져 있어요. 그 당시에는 지금처럼 휴대 전화 문자나 인터넷 이메일 등을 주고받을 수 없었기 때문에, 멀리 떨어진 사람들은 편지로 이야기를 주고받을 수밖에 없었으니까요. 그중 미분법을 써서 계산한 내용도 있었어요!

√ 페르마가 남긴 문제

페르마가 1665년, 58세의 나이로 사망했을 때 세상이 발칵 뒤집혔어요. 페르마의 유품을 정리하다가 발견한 공책에 페르마가 아직 다른 수학자들에게 보여 주지 않은 많은 이론과 문제가 쓰여 있었거든요.

수학자들은 열광하며 페르마가 남긴 문제를 풀었어요. 하지만 도저히 풀리지 않는 두 문제가 남았지요. 그중 하나는 페르마가 사망한 지 50년 정도가 지난 뒤에 풀렸어요. 이 문제를 '페르마의 소정리'라고 해요.

하지만 남은 한 문제는 도저히 풀리지 않았지요. 그런데 이 문제가 씌어 있는 페르마의 공책 뒤쪽에 이런 말이 적혀 있었어요.

"아, 난 이거 풀 수 있는데. 어라, 풀이를 쓸 자리가 없네? 이를 어쩐다, ㅋㅋㅋ"

정확히는 "나는 이 문제에 대한 놀라운 증명을 알고 있지만, 여백이 부족하여 여기에 적지 않는다."라는 말이었지요.

평소 수학자들을 골탕 먹이는 걸 좋아하는 페르마였기 때문에 대부분의 수학자는 이 문제를 금방 풀 수 있을 것이라고 생각했어요. 그렇게 수많은 수학자가 이 문제를 풀다 지쳐 갈 때쯤, 그러니까 약 350년이 지난 1994년에 '앤드루 와일스'라는 수학자가 드디어 문제를 풀었어요!

와일스는 이 일로 수학계의 엄청난 주목을 받았답니다. 그리고 페르마의 문제를 푼 일과 와일스의 나이 때문에 새로운 수학상이 만들어졌답니다. 뜬금없이 와일스의 나이는 왜 따지느냐고요? 여기에는 눈물 없이 들을 수 없는 사연이 있어요.

노벨상에는 수학상이 없는데요, 대신 그만큼 유명한 '필즈상'이 있어요. 그런데 4년마다 한 번씩 시상하는 이 상에는 한 가지 제한이 있지요. 그건 바로 만 40세 이하에게만 수여한다는 거예요.

앤드루 와일스.

와일스가 페르마의 문제를 1993년에 풀었는데 그 해가 와일스가 40세 되는 해였어요. 그런데! 그만 틀린 부분이 발견된 거예요! 그래서 와일스가 그 부분을 고치고 나니 한 해가 넘어가서 1994년이 되어 버린 거죠.

사람들은 "와일스에게 필즈상을 줘야 한다.", "아니다, 규정대로 만 40세가 넘은 사람에게는 줄 수 없다."라고 말하는 두 편으로 갈렸어요. 결국 '아주 특별한 경우, 나이에 상관없이 수여하는 특별한 상', 바로 '필즈상 특별상'을 새로 만들어서 와일스에게 상을 주었어요.

역사 깊은 필즈상에 새로운 상을 만들게 하다니, 페르마는 죽어서도 대단하네요!

필즈상 메달 앞면.

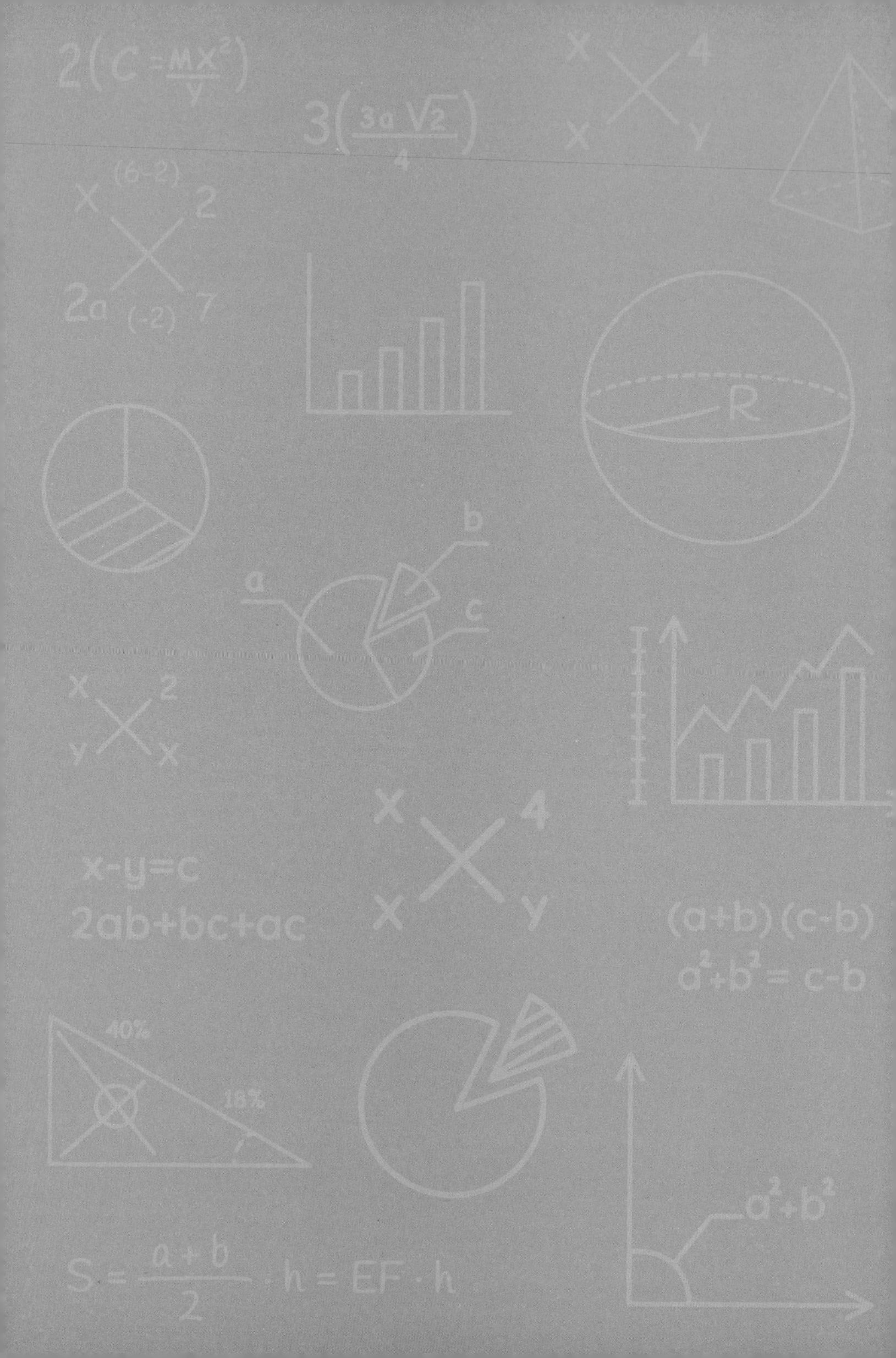

x-y=c
2ab+bc+ac
(a+b) (c-b)
a²+b² = c-b
40%
18%
S = (a + b)/2 · h = EF · h
a²+b²

IV

18세기~19세기

노력 천재 오일러와 그냥 천재 가우스

역사에 이름을 남긴 학자 중에 노력을 하지 않은 사람은
아무도 없어요. 그래도 그중에서 가장 많은 노력을 한 수학자를
뽑으라면 단연 레온하르트 오일러일 거예요.
한편 수학사상 최고의 천재를 뽑으라면 많은 사람이
카를 가우스를 뽑아요. 두 천재는 어떤 삶을 살았을까요?

1. 강철 멘탈의 사나이, 오일러

√ 눈에 띄는 인재

오일러는 1707년 스위스 바젤에서 태어났어요. 이때 스위스는 나라로 인정받은 지 얼마 안 된 때였지요.

스위스는 알프스 산맥에 있어서 인구가 무척 적었고, 다른 나라에게 나라 취급을 받지 못하는 형편이었어요. 게다가 산골짜기이다 보니 각 지역끼리도 같은 나라라는 의식이 별로 없었고요.

지금도 스위스는 '칸톤'이라는 미국의 '주'와 같은 연방 국가 형태예요. 물론 크기는 미국보다 훨씬 작지만요. 그러다 1618년 독일과 스위스에서 일어난 종교 전쟁인 30년 전쟁에 휘말려서 독일과 함

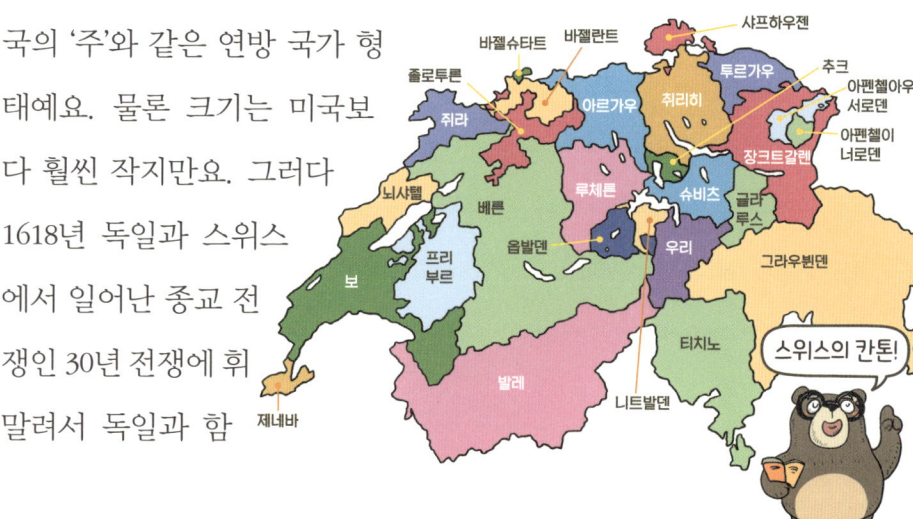

께 가장 큰 피해를 봤답니다. 1648년 30년 전쟁이 끝난 후에야 스위스는 독립된 나라로 인정받아요.

스위스는 이전부터 국가의 격을 높이고 다른 나라의 인정을 받기 위해 여러 가지 노력을 했는데, 그중 하나가 대학을 설립하여 뛰어난 인재를 배출하는 것이었어요.

오일러가 태어난 바젤에는 스위스에서 최초로 세워진 바젤 대학교가 있었지요. 오일러는 열세 살에 이 대학교에 입학했어요. 당시 바젤 대학교에는 유명한 수학자 요한 베르누이가 교수로 있었고, 오일러는 베르누이 교수에게 수학을 배웠지요.

중앙에 아케이드가 있는 바젤 대학교의 오래된 본관.

오일러는 금방 베르누이의 눈에 띄었어요. 공부를 잘하기도 했지만, 무엇보다도 너무너무 열심히 공부하는 학생이었거든요. 교수인 베르누이는 오일러를 자신의 수제자로 삼았어요. 그리고 오일러가 더 나은 환경에서 공부하고 연구할 수 있도록 당시 최강국

이었던 러시아로 보내려고 했답니다.

하지만 쉬운 일은 아니었어요. 왜냐하면 오일러 본인과 오일러의 아버지 모두 오일러가 신학을 공부하길 바랐거든요. 그러나 베르누이는 포기하지 않고 오일러가 더 나은 곳에서 공부해 뛰어난 수학적 능력을 펼쳐야 한다고 설득했지요.

러시아의 상트페테르부르크에는 러시아 과학 학술원, 상트페테르부르크 과학 아카데미가 있었고, 거기에는 베르누이 교수의 아들 다니엘 베르누이가 원장을 맡고 있었어요.

√ 오른쪽 시력을 잃다

상트페테르부르크에 도착한 오일러는 수학과 교수로 있던 다니엘 베르누이에게 그의 아버지 요한 베르누이의 추천장을 보여 줬어요. 오일러의 능력과 성실함을 본 다니엘 베르누이는 죽은 형제 니콜라우스 베르누이가 담당하던 생리학 교수직에 오일러를 추천해 오일러는 상트페테르부르크에 가자마자 교수가 되었어요.

오일러를 설득한 요한 베르누이.

안정된 직장을 가지고 마음껏 연구를 할 수 있게 된 오일러는 정말 열심히 연구하고 공부했답니다. 진짜 지인짜 정말 저어엉말 열심히요! 평생 열심히 안 한 적이 없는 오일러였지만, 이때의 오일러는 그야말로 활활 불타오를 정도로 열심히 했다고 해요. 하루에 네 시간 이상 잠을 잔 적이 없을 정도로요.

오른쪽 눈의 실명을 보여 주는 오일러의 초상화.

잠도 잘 안 자고 너무 열심히 한 것이 화근이 되었는지 오일러의 시력이 점점 나빠졌어요. 그러다 서른을 막 넘긴 1738년에 결국 오른쪽 눈을 실명하고 말았어요. 하지만 오일러는 신경도 쓰지 않았답니다. 오히려 주변 사람들이 오일러를 억지로 재우기도 하고, 침실 앞에서 지키고 있다가 오일러가 공부하러 나가지 못하게 막은 적도 있다고 해요.

이때의 오일러는 그야말로 수많은 연구를 발표했고, 지금도 전자 전기 공학 분야나 순수 수학 분야 등에서 오일러의 업적을 찾아볼 수 있어요.

√ 러시아를 떠나서

상트페테르부르크 과학 아카데미는 1724년 러시아 황제 표트르 1세가 러시아의 과학 발전을 위해 세웠어요. 당시 러시아는 유럽 최강국인데도 독일이나 영국보다 과학 실력이 떨어지는 편이었기 때문이었죠.

상트페테르부르크의 러시아 과학 아카데미.

그런데 불행하게도 오일러가 상트페테르부르크에 도착한 바로 그날, 표트르 1세가 사망했어요. 그리고 너무 어린 표트르 2세가 황제가 되면서 황제가 지원하던 과학 아카데미의 지원금이 줄어들었고, 아카데미의 외국인은 차별받았지요. 차별은 점점 심해져 결국 1733년에 다니엘 베르누이는 스위스 바젤로 돌아가요. 그래도 타고난 노력가이자 오직 연구와 공부밖에 모르는 오일러는 연구에 매진했어요. 1734년에는 결혼까지 하면서 러시아를 떠날 생각을 하지 않았지요. 하지만 오일러조차 러시아를 떠날 수밖에 없는 일이 벌어졌어요.

엘리자베타 공주가 쿠데타를 일으켜 여황제가 된 거예요. 그 바람에 러시아의 분위기는 살벌해졌고, 그동안의 여러 문제까지 겹쳐 오일러는 러시아를 떠나기로 결심해요. 이미 당시 유럽에서 가장 유명한 수학자였던 오일러를 데려가려는 나라가 많았는데, 오일러는 그 중에서 프리드리히 2세가 다스리는 프로이센(지금의 독일)의 베를린 과학 아카데미에 가기로 결정하지요.

이때 러시아의 여제가 된 엘리자베타 페트로브나는 오일러가 떠난 것을 몹시 안타까워했어요. 그래서 독일에

지금은 베를린 주립 도서관으로 쓰는 프로이센의 베를린 과학 아카데미.

있는 오일러에게 계속 돈도 보내고, 선물도 보내면서 인연을 이어갔답니다. 그러던 중 전쟁이 터졌어요.

√ 프리드리히 2세와 7년 전쟁

폼메른의 한 농촌에서 감자 수확을 조사하는 프로이센의 국왕 프리드리히 2세의 모습을 그린 그림.

프로이센의 국왕 프리드리히 2세는 원래 음악과 예술을 사랑하는 감수성이 풍부한 사람이었어요. 하지만 아버지가 죽고 왕위를 잇자, 분열되었던 독일을 통일하고 주변 나라의 상황을 이용하여 영토를 넓혔지요. 심지어 전투도 잘해서 '전투의 귀재'라고 불렸다고 해요.

그리고 국민을 위한 수많은 정책을 펼쳤어요. 대표적으로 고문 금지와 언론 통제 폐지 정책이 있어요. 그런 프리드리히 2세의 업적은 프로이센 국민들의 큰 지지를 받았고, 국민들로부터 '대왕'으로 불렸답니다. 오일러가 프로이센으로 간 건 그런 이유도 있었어요. 문제는 오스트리아와 프랑스의 갈등이었어요. 오스트리아는 누나와 남동생 중 누가 황제가 될지 내전을 치르는 사이에 프리드리히 대왕에게 북부 국토 일부를 빼앗겼고, 전통적으로 프랑스는 지금의 독일 지역이 통일되어 강대국이 될 때마다 피해를 입었거든요. 두 나라는 러시아의 여제 옐리자베타도 끌어들여 '프랑스-오스트리아-러시아' 동맹을 체결했어요. 이에 프로이센도 영국과 동맹을 맺었지요. 그리고 1756년 결국 전쟁이 벌어졌어요. 바로 7년 전쟁의 시작이에요.

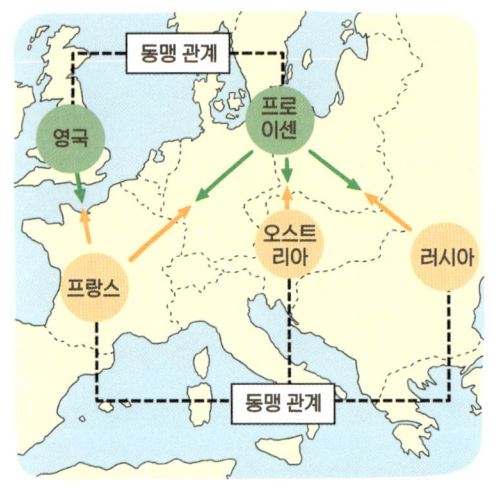

프랑스-오스트리아-러시아 동맹은 흔히 '3부인 동맹'이라고 불러요. 오스트리아와 러시아의 황제가 모두 여자이고, 프랑스는 왕의 애인이 이 동맹을 주도했기 때문이에요.

처음에는 프로이센군이 우세했어요. 하지만 3부인 동맹은 스웨덴을 참전시켰고, 반대로 영국은 내각이 바뀌면서 프로이센과의 동맹 약속을 하나도 지키지 않았어요. 프로이센은 완전히 궁지에 몰렸어요. 패하기 일보 직전이던 그때! 기적 같은 일이 벌어졌지요.

√ 예카테리나 2세의 대두

표트르 3세.

전쟁에 참전했던 러시아의 여황제 엘리자베타가 병으로 사망하고, 황제의 조카였던 프로이센 출신의 표트르 3세가 황제가 돼요.

그런데 표트르 3세는 당시 평범한 프로이센 사람들처럼 프리드리히 대왕을 무척 좋아하는 사람이었어요. 얼마나 좋아했느냐면, 자기 목숨을 걸고 전쟁을 중지시킬 정도였어요. 단순히 중지시킨 정도가 아니라, 아무런 대가 없이 점령한 땅을 돌려주고 물러났지요. 이 사태를 지켜본 스웨덴도 전쟁을 멈추었고요.

덕분에 프리드리히 대왕은 죽다 살아났고, 자신의 전투 재능을 유감없이 살려서 남은 프랑스-오스트리아 연합군을 격파했지요. 그렇게 1763년에 7년 전쟁은 프로이센의 승리로 끝났어요. 결국 러시아의 표트르 3세는 폐위되어 버렸지만요.

이때 독일에서부터 남편을 따라온 표트르 3세의 아내 예카테리나 2세는

예카테리나 2세.

고민에 빠져요. 이대로라면 남편과 함께 처형당할 테니까요. 그래서 신하들을 찾아가 남편을 폐위시키고 자신을 황제로 삼으면 외부에서 보기에 그렇게 잔혹해 보이지 않을 거라면서 협상을 했어요. 예카테리나 2세의 설득력이 좋았는지 신하들은 그 의견을 받아들였고, 표트르 3세 폐위 후에 예카테리나 2세가 여황제가 되었어요. 어떤 역사학자들은 예카테리나 2세가 직접 나서서 남편을 폐위하고 쿠데타를 주도했다고도 말해요.

√ 다시 러시아로

예카테리나 2세는 즉위하고 얼마 뒤 바로 오일러에게 초대장을 보내요. 프리드리히 대왕은 훌륭한 왕이었을지는 몰라도 오일러와 그다지 성격이 맞지 않았어요. 게다가 오른쪽 눈을 실명한 오일러를 '키클롭스'라고 놀리기까지 했지요. 키클롭스는 그리스 신화에 나오는 눈이 하나뿐인 멍청한 거인이에요. 당연히 오일러의 기분이 좋지 않았겠죠?

더 결정적인 문제는 대왕과 가장 가까운 학자였던 볼테르(프랑수아 마리 아르에)였어요. 볼테르는 유명한 작가였고 아주 말을 잘하

말싸움 천재 볼테르

는 사람이었지요. 그런데 자신과는 비교할 수 없이 유명한 오일러가 나타나자, 사람이 많은 곳에서 오일러에게 수학이 아닌 분야로 말싸움을 걸어서 망신 주는 일을 좋아했답니다.

평생 연구와 공부 말고는 아무것도 몰랐던 오일러는 볼테르에게 번번이 망신을 당했어요. 정말 못됐죠? 특히 프리드리히 대왕이 있을 때는 더 심해서, 대왕과 오일러의 사이가 더욱 멀어지게 만든 장본인이에요.

반대로 러시아에서는 적국의 학자나 마찬가지인 오일러에게 선물도 보내고, 돈도 보내 주니, 러시아 여황제의 초청을 받은 오일러가 러시아로 가게 된 건 어쩌면 당연한 일이었어요. 오히려 그런 상황에서도 꿋꿋이 프로이센에서 연구한 오일러가 참 대단했지요.

√ 두 눈을 잃었어도 멈추지 않은 연구

　러시아로 돌아온 오일러는 예카테리나 황제의 환영을 받으며 다시 상트페테르부르크 과학 아카데미의 수학 교수가 되었어요. 그리고 변함없이 하루에 스무 시간도 넘게 연구에 매진했어요. 주변에서 아무리 말려도 오일러의 열정과 노력을 막을 수는 없었죠. 결국 러시아로 온 1766년에 왼쪽 눈마저 실명하고 말아요. 이때 사람들은 오일러의 위대한 연구와 노력이 멈출 수밖에 없다고 생각했어요. 하지만 오일러는 눈이 안 보이게 된 다음부터 더 많은 시간을 연구에 쏟았답니다. 이제 눈이 안 보이니까 누가 불러도, 파티에 초대받아도, 공식적인 회의 자리에도 나가지 않을 수 있게 되었다고 좋아할 정도였어요.

이제 양쪽 눈의 시력이 똑같아졌군! 더 편히 연구할 수 있겠어.

오일러

　실제로 맹인이 된 오일러는 쏟아 낸다고 표현할 만큼 많은 수학적 업적을 남겼답니다. 거의 일주일에 한 편씩 논문을 발표할 정도였으니까요. 이게 얼마나 많은 양이었느냐면, 상트페테르부르크에는 학술지(논문 등 학문에 관한 것만 싣는 잡지) 중에서 오일러의 논문만 싣는 잡지가 있을 정도였어요. 심지어 맹인이 된 후 죽을 때까지 17년 동안 쏟아 낸 논문의 양이 얼마나 많았는지, 이 학술지는 오일러가 죽은 후 50년 동안 오일러의 남겨진 논문만 실을 정도였다고 하니 말 다했죠.

그런데 앞도 안 보이는 오일러가 어떻게 논문을 썼느냐고요? 놀랍게도 오일러는 모든 계산 설계와 아이디어, 심지어 계산까지 몽땅 암산으로 했다고 해요. 논문을 쓰는 것은 조수에게 불러 줘서 쓰게 했고요.

오일러는 연구에만 매진하느라 가족하고 보내는 시간이 적었지만, 그래도 가족과의 관계가 나쁘지는 않았어요. 자식을 무려 열세 명이나 낳았다니까요. 안타깝게도 다섯 명을 빼고 모두 어린 나이에 죽었지만요. 1783년 오일러가 76세의 나이로 죽은 그날도 오일러는 평소처럼 하루 종일 연구를 하고 집에 가서 손자들과 놀아 주다가 갑자기 쓰러졌고, 그대로 사망했다고 해요.

뛰어난 재능과 그보다 훨씬 더 뛰어난 노력과 의지로 위대한 업적을 이룩한 오일러는 가족과 수많은 사람의 애도 속에서 조용히 세상을 떠났어요.

2. 완벽주의자 가우스

√ 1부터 100까지 자연수를 더하면?

카를 프리드리히 가우스는 1777년에 독일 북중부에 있는 브라운슈바이크에서 가난한 벽돌공의 아들로 태어났어요. 가우스는 어려서부터 수학에 천재적인 재능을 보였어요. 글자도 제대로 배우지 않은 다섯 살에 아버지가 월급을 계산하는 것을 보고는 대신 뚝딱 계산을 할 정도였다고 해요. 그런 가우스에게 수많은 일화가 있지만, 그중에서도 초등학교 저학년 때 1부터 100까지 자연수의 합을 구한 이야기는 정말 유명해요.

하루는 선생님이 바쁜 일이 있어서, 아이들이 딴짓하지 못하도록 1부터 100까지의 합을 구하라고 시켰어요. 그런데 1분도 되지 않아 가우스가 떠들며 놀고 있는 거예요. 선생님이 가우스를 크게 혼내려고 보니 글쎄, 가우스가 계산을 벌써 끝낸 게 아니겠어요? 심지어 답도 정확히 맞았을 뿐만 아니라, 계산하는 방식은 처음 보는 것이었어요.

이때 가우스가 사용한 계산법은 지금도 사용되고 있어요. 여러분이 고등학교에 가면 가우스가 초등학교 저학년 때 만든 계산법을 배울 거예요.

√ 벽돌공이 될 뻔한 가우스

　이렇게 똑똑한 가우스이지만 가우스의 아버지는 가우스에게 전혀 신경 쓰지 않았어요. 어려서부터 가난했던 가우스의 아버지는 평생 제대로 교육받지 못했고, 그래서 아들인 가우스가 자신처럼 벽돌 기술을 배워서 벽돌공이 되기를 바랐어요.

　하지만 가우스의 천재성을 알아본 사람들이 아버지의 고집을 뜯어 말렸죠. 특히, 어머니와 삼촌이 아버지를 열심히 설득했어

1900년경의 브라운슈바이크.

요. 그렇게 삼촌과 어머니의 도움으로 어렵게 공부하던 가우스는 그 천재성이 알려져 브라운슈바이크에서 가장 높은 사람인 브라운슈바이크 공작에게 후원을 받아요. 그리고 1795년에 독일에서 유명한 괴팅겐 대학교로 유학을 가지요.

괴팅겐 대학교에 입학한 가우스는 정말 바쁜 시간을 보냈어요. 끊임없이 연구하고 공부하며, 연구 결과를 만들어 냈거든요. 하지만 그 사실을 아는 사람은 아주 적었어요. 왜냐하면 가우스는 굉장히 엄격한 완벽주의자였기 때문이에요. 몇 번이고 검토하고 검토해서 조금의 실수나 궁금한 점이 없다는 확신이 들 때에만 논문으로 발표했어요. 그래서 논문이나 저서를 출판하는 데에 남

괴팅겐 대학교의 옛날 대강당.

들보다 훨씬 많은 시간이 걸렸지만, 완벽한 그의 논문이 발표될 때마다 사람들은 충격과 경악에 휩싸였답니다.

대학원을 졸업할 때까지도, 가우스의 천재성은 그리 알려지지 않았어요. 그저 "똑똑한 수학 전공자구나." 하는 정도였죠. 그러다

유럽에 가우스의 이름을 널리 알리는 일이 벌어졌어요.

바로 소행성 세레스의 공전 궤도 계산이에요.

 **곰곰 쌤의 잡학 사전** 죽은 후 더 많은 업적을 남긴 사람

가우스가 살아 있을 때에도 다른 사람이 발표한 논문인데 알고 보니 이미 10년 전, 20년 전에 가우스가 벌써 정리를 다 끝낸 논문인 경우가 많았어요. 가우스의 완벽주의 때문에 일어난 일이에요. 이런 일은 가우스가 죽은 후 그의 미완성 논문들이 발표되면서 더욱 부각되었어요. 가우스 기준에서는 완벽하지 않아서 발표하지 않은 논문이 엄청 많았던 거예요. 그래서 그가 죽기 전보다 죽은 후에 더 많은 업적을 남겼다고 말하는 사람도 있어요.

√ 수학 교수 대신 천문학 교수

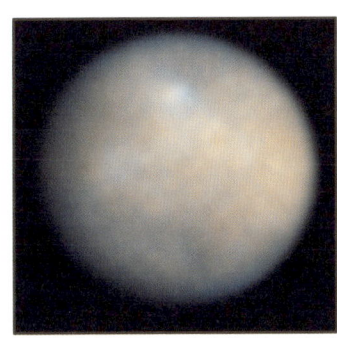

허블 우주 망원경으로 촬영한 세레스.

1801년 이탈리아의 수학자이자 천문학자인 주세페 피아치가 인류 최초로 소행성 '세레스'를 관측하는 데 성공했어요. 당시에는 소행성이 아니라 그냥 행성인 줄로 알았지만요. 세레스 관측 발표는 당시 유럽 과학계를 흔들었어요. 1781년에 천왕성이 관측된 이후로, 행성의 발견은 천문학을 넘어 일반인들에게도 큰 관심거리였거든요.

가우스도 이 세레스를 직접 관측하고 싶어 했어요. 그러려면 세레스가 어디쯤에서 관측될지를 알아야 했지요. 가우스는 발표된 몇몇 관측 자료를 토대로 복잡한 계산을 해서 세레스의 공전 궤도를 예측했고, 정확히 예상한 시간, 예상한 위치에서 세레스를 관측했지요. 이 사건은 세레스의 인기와 함께 온 유럽으로 확산되어 가우스는 단번에 유명해졌어요. 그 결과 가우스의 수학적 재능도 크게 알려졌지만, 결국은 가우스를 수학 교수 대신 천문학 교수가 되게 했지요. 그 뒤, 가우스는 오랜 시간 연구한 수학 논문도 발표하고, 수학사에 길이 남을 《산술 연구》도 발표했지만, 은퇴할 때까지 괴팅겐 대학교의 천문학 교수로 지냈어요. 사람들의 선입견이 참 무서운 것 같아요.

괴팅겐 대학교 북쪽에 있는 전망대. 서쪽 건물이 가우스의 연구실.

 곰곰 쌤의 잡학 사전 소행성

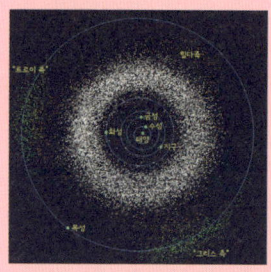
소행성대(흰색)와 목성 트로이군(녹색)에 속하는 소행성들.

소행성은 행성이지만 그 크기가 아주 작은 것을 가리켜요. 크기는 다양하지만, 보통은 그냥 커다란 운석 수준인 것도 많답니다. 세레스가 제1호 소행성이 된 이후 지금까지 2천 개가 넘는 소행성이 발견되었는데, 이 중 대부분은 화성과 목성 사이에서 비슷비슷한 공전 궤도를 이루며 태양 주위를 돌고 있어요.

√ 아벨과 갈루아의 논문

유명세를 타고 교수가 된 가우스는 이제 경제적으로도 안정되어 편안하게 연구에 몰두할 수 있을 줄 알았어요. 그전까지는 브라운슈바이크 공작의 후원만으로 어렵게 생활하고 있었으니까요. 그런데 너무 유명해진 나머지 오히려 연구에 몰두하기가 힘들었어요. 가우스를 찾

요한 카를 프리드리히 가우스의 초상화.

아오는 사람도 많았지만, 수학을 공부하고 연구하는 수많은 사람이 가우스에게 자신의 연구 자료나 계산을 봐 달라며 편지를 보냈거든요. 많이 올 때는 하루에 300통 정도의 편지가 왔다고 하니, 얼마나 유명세에 시달렸는지 알 수 있죠?

결국 가우스는 대부분의 초대나 만남 요청을 거부하고, 매일 300통씩 쌓이는 편지는 묻지도 따지지도 않고 쓰레기통에 버렸어요. 그렇게 버려진 수많은 편지 중에 노르웨이 출신의 닐스 헨리크 아벨과 프랑스 출신의 에바리스트 갈루아의 논문도 있었어요.

매일매일 정말 지긋지긋할 정도의 양이야. 심지어 대부분은 엉터리라고! 그걸 다 검토하다가는 난 평생 연구 하나 못할 거야!

아벨은 태어날 때부터 몸이 약한 데다가 집안도 가난해서, 어려서부터 혼자서 공부했어요. 아벨도 에우클레이데스의 《원론》을 너무 재밌게 읽고 수학자가 된 수학 천재였어요. 그를 가르친 선생님과 친구들은 가난 때문에 그의 재능이 묻히는 것이 안타까워 돈을 모아 아벨을 유학 보냈어요. 유학 도중 아벨은 당시 수학계에서 가장 유명한 논쟁거리였던 5차 방정식의 풀이에 도전했어요. 그리고 발상을 전환하여 5차 방정식에서는 일반적인 풀이법이 없다는 결론을 내렸어요.

그는 이 논문을 몇몇 저명한 교수님이나 대학교에 보냈는데, 그중 한 사람이 가우스였어요. 그런데 앞에서 말한 것처럼 가우스에게 보낸 논문은 그대로 쓰레기통으로 버려졌고, 다른 곳으로 보낸 논문도 무시당하거나 학생이면 다른 거 하라는 이야기밖에 못 들었어요. 실망한 아벨은 건강도 나빠지고 학비도 부족해져서 고향으로 돌아갔고, 병이 악화되어 스물여섯 살의 나이로 세상을 떠났어요.

아벨의 논문을 우연히 본 독일의 수학자 크렐레가 그의 재능을 깨닫고 베를린 대학교의 교수로 초빙했지만, 아벨이 죽고 이틀 후에 그 소식이 전해졌답니다. 정말 안타까운 비운의 천재예요.

닐스 헨리크 아벨.

에바리스트 갈루아.

갈루아 역시 비슷한 천재였지만, 그는 성격에 좀 문제가 있었어요. 그래서 많은 사람과 관계가 좋지 않았고, 그의 천재성도 묻혀 있었죠. 그 성격 때문이었는지 스무 살의 어느 날 아침, 총에 맞은 채로 발견되었어요.

발견된 갈루아는 병원으로 옮겨졌지만 곧 죽게 될 거라는 선고를 받았어요. 갈루아는 가족과도 사이가 안 좋았기 때문에, 그의 친구 슈발리에와 열세 살 된 막냇동생만이 곁에서 그의 죽음을 슬퍼했어요.

죽기 하루 전 갈루아는 자신이 연구한 자료를 슈발리에에게 전해 주며, 연구 자료를 발표해 달라고 했어요. 그렇게 슈발리에의 손에서 정리된 갈루아의 논문이 가우스에게 보내졌지요. 하지만 여러분도 알다시피 그 논문은 쓰레기통으로 들어갔어요.

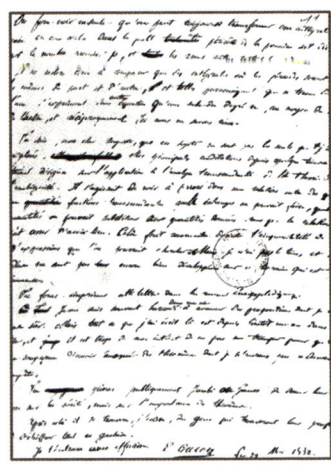

갈루아가 남긴 수학 논문의 마지막 장.

√ 억울한 가우스

시간이 지나고 아벨과 갈루아의 논문이 세상에 알려지면서, 그

들의 논문을 무시한 가우스는 비난에 시달렸어요. 특히 갈루아의 평생 업적이 담긴 논문을 무시한 사건은 지금까지도 비난하는 사람이 있을 정도예요. 그만큼 둘의 논문 내용이 뛰어났거든요.

하지만 가우스에게도 변명거리는 있어요. 정말 어마어마하게 많은 편지와 책이 도착하고, 많은 사람이 가우스를 매일 방문했으니까요. 그래도 아벨과 갈루아 사건이 계기가 되어서, 그 뒤로는 바쁜 시간을 쪼개 적어도 한 번씩은 편지를 읽었다고 해요.

가우스는 살아생전 유명세를 떨친 몇 안 되는 수학자이자, 근대 수학의 발전에 가장 기여했다고 평가받는 인물이에요. 하지만 가우스는 그 유명세 때문에 너무나 바쁜 삶을 살았고, 그 바람에 가족과도 사이가 멀어졌어요. 그리고 수학을 하고 싶어 했지만 천문학자로 평생을 산 것도 스트레스였다고 해요. 그래서인지 정말 안타깝게도 가우스 스스로는 자신의 인생이 불행했다고 말할 정도로 우울한 삶을 산 인물이에요.

V

20세기~21세기

20세기 천재 존 폰 노이만과 복잡계 이론

현대는 단순한 계산을 도와주는 컴퓨터가 개발되어 과학과 기술의 발전이 예전에 비해 훨씬 빨라졌어요. 덕분에 예전에는 대충 넘겼던 것도 아주 자세하고 꼼꼼히 분석했고, 겉으로 보기에 단순해 보였던 것이 사실은 무척 혼란스럽고 복잡하다는 것을 알게 되었어요. 어떤 것인지 자세히 알아볼까요?

1. 혼란 속의 질서

√ 날씨는 왜 예측하기 힘들까?

아침에 집을 나설 때 엄마가 "오늘 비 온다니까 우산 가져가."와 같은 말을 한 적이 있죠? 엄마는 오늘 비가 올 것을 어떻게 아셨을까요? 당연히 뉴스 시간에 나오는 일기 예보로 알게 된 거 아니냐고요? 맞아요. 아마 그럴 거예요.

그런데 우산을 챙겨 준 엄마가 이렇게 말하는 것도 자주 들었죠? "아휴, 일기 예보가 또 틀렸네."

그래요, 일기 예보는 종종 틀려요. 갈수록 과학과 기술이 발전하는데, 도대체 일기 예보는 왜 여전히 틀리는 걸까요?

상황이 이러니 기상학자와 수학자들은 일기 예보가 왜 틀리는지, 어떻게 하면 정확한 일기 예보를 할 수 있을지에 대해 고민했어요. 미국의 수학자이자 기상학자인 에드워드 노턴 로렌즈도 그런 기상학자였어요. 어느 날 로렌즈는 컴퓨터에 테스트 값을 넣고 일기 예보 프로그램을 돌리다가 이상한 점을 발견했어요. 글쎄, 같은 값을 넣었는데 처음과 다른 결과가 나온 거예요!

조사해 보니, 처음 넣은 값이 두 번째에는 소수점 아래 네 번째 자리에서 반올림되어 있었어요.

처음에는 별 차이가 없었지만, 이 작은 차이 때문에 나중에는 완전히 다른 결과가 나온 것이었지요.

1961년에 로렌즈는 이 내용을 발표했어요.

"처음 값이 아주 조금만 변해도 결괏값이 크게 달라지는 '계(system)'가 있다. 이러한 계를 '초기 조건에 민감한 계'라고 한다."

일기 예보를 하려는 대기가 바로 이런 계였지요.

에드워드 노턴 로렌즈.

10년 뒤 1972년에 로렌즈의 동료 과학자 필립 메릴리스가 내용을 보완해서 "어디선가 일어난 나비의 날갯짓이 뉴욕에 태풍을 불러올 수 있다."라고 표현했고, 이것을 '나비 효과'라고 불렀어요.

한마디로 일기 예보를 정확히 하려면 기상 정보를 아주아주 정확하고 정밀하게 조사해야만 한다는 뜻이에요. 진짜 조금, 털끝만큼만 틀려도 예보가 틀릴 테니까요. 그럼 과학과 기술이 많이 발달하면 언젠가는 정밀하게 측정하고 조사해서 정확하게 일기 예보를 할 수 있지 않겠느냐고요?

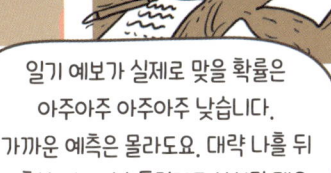

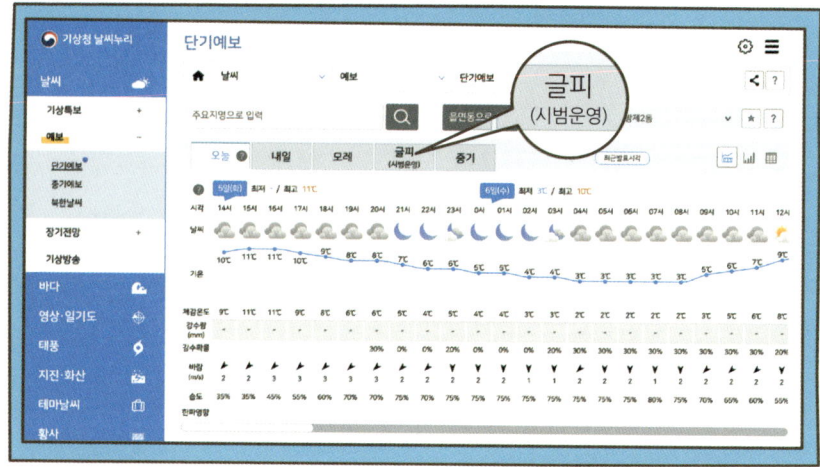

기상청 누리집 화면.

실제로 일기 예보를 하는 기상청 사이트에 들어가 보면 1시간 단위 예보는 딱 사흘까지만 하고 있어요. 나흘 뒤 일기 예보는 시범 운영하고 있고요. 그 뒤는 대충 예보하고 있는 거랍니다. 기상청 직원들이 게을러서가 아니라, 실제로 예측 불가능하기 때문이에요.

심지어 태풍 같은 격렬한 날씨에 대한 예보는 약 여덟 시간 정도 뒤까지만 예보한다고 적혀 있어요. 사흘 뒤, 나흘 뒤 날씨가 어떨지에 대해 사람들이 너무 궁금해하니까 "아마 이렇게 될 거 같아요." 정도로만 이야기해 주는 것이지요.

수학자들은 이러한 계가 기상 상태뿐만 아니라 우리의 일상 속에 아주 많다는 것을 알아냈어요. 그런 계들은 일기 예보처럼 변화를 예측하는 것이 거의 불가능했지요. 이런 것을 수학적으로 연구한 이론을 '혼돈 이론'이라고 해요.

√ 혼란 속의 질서, 프랙털

 만약 결과가 그냥 "혼란스러워서 아무것도 모르겠어요."였다면 그건 이론이라고 불리지 않았을 거예요. 혼돈 이론을 연구한 수학자들은 비록 정확한 예측은 할 수 없지만, '수많은 결과 속에 비슷한 반복적인 형태'라는 일종의 '질서'가 숨겨져 있다는 걸 알아냈어요.

 앞에서도 잠깐 얘기한 태풍을 예로 들어 보면, 올해 태풍이 몇 월 며칠, 어디에서, 어느 정도의 세기로 발생해서, 어디로 가서, 어디에서 사라질지를 정확하게 예측하는 건 불가능해요. 하지만 '주로 7~9월 사이에 태평양 북서부에서 생겨나 항상 태풍의 눈을 중심으로 반시계 방향으로 돌면서 북서 방향으로 나아가다가 적도

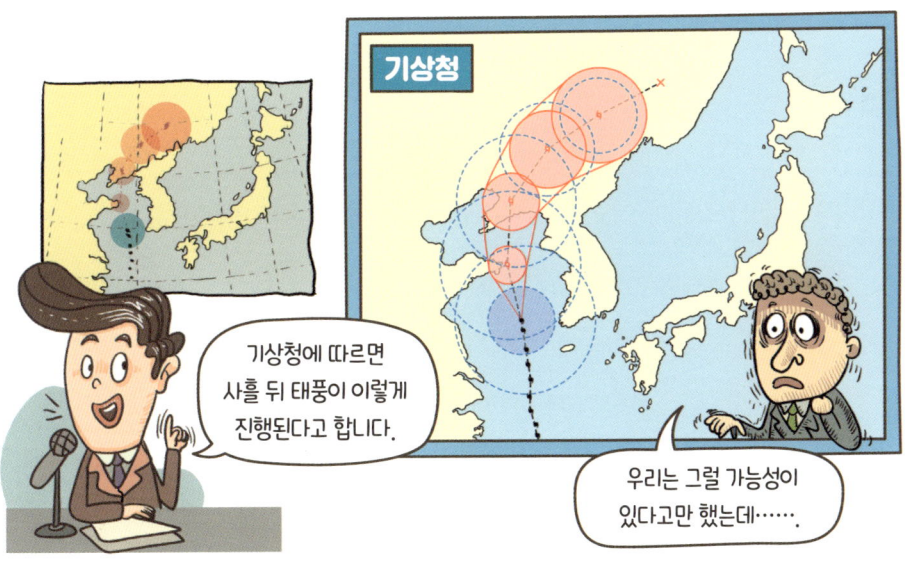

를 지나면서 북동 방향으로 진행하다 방향을 틀면서 북서 방향으로 가고 점점 약해지다가 사라진다'는 질서를 많은 관측 자료를 살펴보면 알 수 있어요.

이런 혼란 속의 질서는 하나의 물건이나 자연에서도 찾을 수 있어요. 이 경우에는 전체 모양과 그 안의 작은 부분의 모양이 비슷한 경우예요. 이런 혼란 속의 질서는 고사리의 잎이나 우리 몸의 소화 기관인 소장의 융털, 바닷가의 해안가 모양 등 자연계에서도 쉽게 찾아볼 수 있어요.

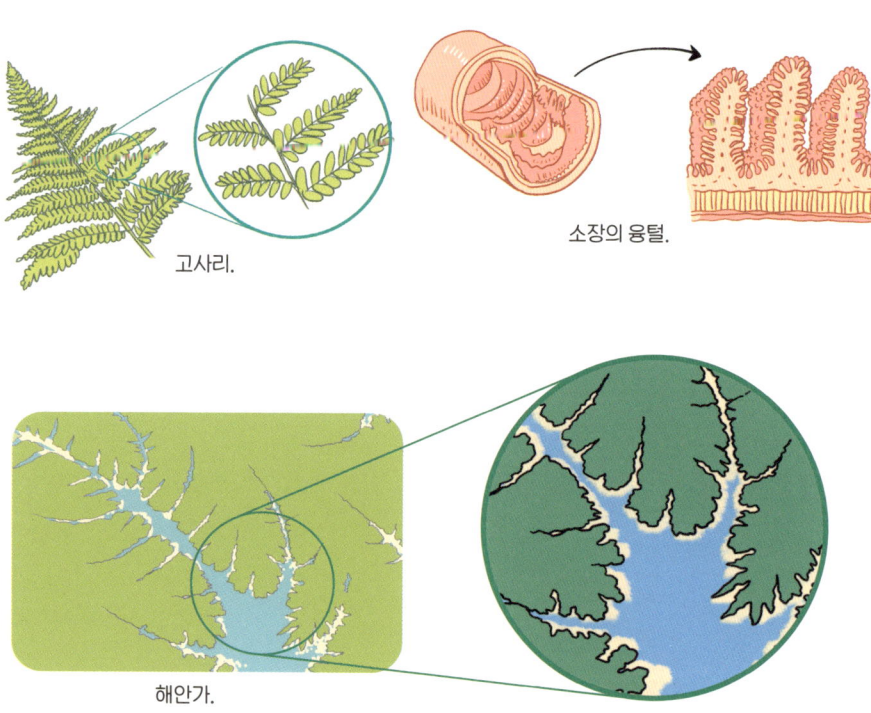

고사리.

소장의 융털.

해안가.

이렇게 전체와 그 일부가 같은 모양인 것을 '프랙털'이라고 해요. 프랙털이라면 일부를 연구해서 전체를 예측할 수 있겠죠?

이처럼 혼돈 속의 질서를 통해 정확하지는 않아도 미래 또는 보이지 않는 부분을 예측하고 연구하는 것에 대한 이론이 '혼돈 이론'이에요.

20세기를 대표하는 또 다른 이론도 있어요. 바로 '게임 이론'이에요. 게임 이론은 이제부터 살펴볼 수학자인 '존 폰 노이만'이라는 천재가 생각해 냈어요.

2. 20세기 마지막 천재 존 폰 노이만

√ 게임 이론과 존 폰 노이만

 '게임'이라고 하면 여러분이 좋아하는 스마트폰 게임이나 컴퓨터 게임만 떠올리기 쉽지만, 사실 게임이라는 말은 '정해진 규칙이 있는 놀이나 경쟁'을 가리켜요. 그래서 올림픽 같은 운동 경기도 '게임'이라고 하고, 회사에서 테스트로 회사를 운영해 보는 훈련도 '게임'이라고 하는 거예요. 알고 보니 게임이 꼭 재밌는 것만은 아니지요?

 그래요, '게임 이론'도 재미를 쏙 뺀 정해진 규칙에 맞게 무언가를 진행해서 수학적으로 결과를 예측하는 이론을 말해요.

 그전에도 특정한 게임이나 규칙에 대해서 연구한 사람들은 있었지만 존 폰 노이만은 게임 자체에 대해 엄청난 양의 연구를 했어요. 여러분이 좋아하는 스마트폰 게임까지 전부 포함해서요. 모든 게임을 아우르는 연구라니, 도대체 이렇게 어마어마한 규모의 연구를 한 노이만은 어떤 사람이었을까요?

 노이만은 1903년에 헝가리에서 태어났어요. 원래 이름은 존이 아니라 '노이만 야노시 러요시(헝가리는 우리나라처럼 성을 앞에 쓰고 이름을 뒤에 써요.)'였어요. 그의 아버지는 유대인 은행가여서 노이만은 어렸을 때 부족함 없이 자랐지요.

그는 어릴 때부터 숫자 계산과 암기에 뛰어났어요. 노이만이 어렸을 때, 집에서 벌어진 파티에 온 모든 손님의 전화번호와 이름, 주소 등을 인사하면서 딱 한 번 듣고 기억했다가 그대로 이야기해서 모두를 놀라게 했다고 해요.

일곱 살에 여덟 자리 곱셈과 나눗셈을 했고, 여덟 살에 학교에 가자 노이만을 가르친 선생님이 더는 가르칠 게 없다고 말할 정도였어요. 결국 선생님은 노이만의 아버지에게 더 높은 수준의 교육을 받게 하라고 조언했고, 아버지는 노이만을 일찍 대학에 보내는 대신 따로 선생님을 모셔서 대학교 수학을 가르쳤어요.

스물다섯 살이 된 노이만은 독일에서 '교수 자격시험 최연소 통과'라는 기록을 세우고, 당대의 수학자들이 놀랄 내용의 논문을 발표해, 젊은 나이에 유명한 수학자이자 교수가 되었어요.

찬란한 영광만 가득할 것 같았던 노이만의 인생에 먹구름이 끼기 시작한 건 나치가 정권을 잡으면서부터였어요. 노이만 역시 유대인이었기 때문에 나치의 위협을 피해 모든 것을 버리고 미국으로 망명해야 했거든요. 그리고 이때 이름을 미국식으로 개명해서 존 폰 노이만이 되었어요. 가운데 '폰'은 독일식 귀족을 나타내는 이름이에요.

존 폰 노이만.

√ 나치를 막기 위해

　노이만은 유대인을 탄압했던 나치에게 아주 강한 적개심을 가졌어요. 유명한 수학자였던 만큼 나치의 무기 개발 계획을 알고 있었고, 그중 핵무기 개발 계획도 알고 있었지요. 노이만은 그 내용을 미국에 그대로 전해 주면서, 이에 대항할 무기를 개발해야 한다고 말했어요. 미국은 그 내용을 진지하게 받아들여 비밀 프로젝트 '맨해튼 계획'을 세웠고, 노이만을 포함한 여러 과학자를 모았는데, 노이만은 흔쾌히 이 요청을 받아들였어요.

맨해튼 계획의 비공식 문장.

　맨해튼 계획이 비밀리에 진행되는 동안 과학자들은 연구 단지 밖으로 나가지 못했는데, 노이만만은 특별히 출퇴근을 했어요. 왜냐하면 맨해튼 계획이 진행되던 때 노이만은 이미 미국 정부에서 운영하는 여러 연구소의 연구원이었기 때문이에요. 맨해튼 계획 때문에 노이만을 밖으로 못 나가게 하자, 다른 연구소에서 강하게 항의한 것이지요.

　그래서 노이만은 며칠에 한 번씩 돌아가며 여러 연구소에 출근했는데, 그가 올 때마다 다른 연구원들이 기다렸다가 그에게 연구에 필요한 계산의 검산과 확인을 부탁했대요. 다른 연구원들도 세계에서 유명한 과학자들이었는데 말이에요. 노이만은 그야말로 천재 중의 천재였던 거지요.

그러면 아인슈타인과 노이만 중 누가 더 천재였을까요?

닐스 보어.

덴마크의 물리학자 닐스 보어는 아인슈타인만큼 유명했지만, 사람들은 모두 닐스 보어보다 아인슈타인이 더 천재라고 생각했어요. 하지만 노이만과 비교하면 아인슈타인과 막상막하라고 여기는 사람들이 많았어요. 둘과 친한 노벨 물리학상 수상자 유진 위그너에게 누가 더 천재인 것 같냐는 질문을 했을 때 위그너는 이렇게 말했어요.

"노이만이 더 똑똑하다. 하지만 아인슈타인이 더 창의적이다."

노이만은 1955년에 암을 진단받고 손 쓸 틈도 없이 1957년에 사망했어요. 나중에 밝혀졌지만, 핵무기 개발 중 나온 방사능 때문이었지요. 노이만은 '폭축 렌즈'라는 부품을 개발했는데, 이것은 핵무기를 작동시키는 가장 핵심적인 부품이었어요.

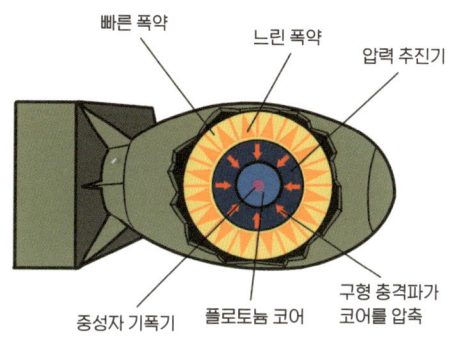

맨해튼 계획에서 개발된 원자 폭탄 팻맨과 같은 핵분열 무기(존 폰 노이만의 폭축 렌즈가 쓰임)의 구조.

노이만은 사망하기 전까지 수많은 수학적 업적을 남겼는데, 그 중 하나가 '게임 이론'이지요. 안타깝게도 갑자기 병에 걸리며 연구를 끝내지는 못했지만요. 그래서 게임 이론은 지금도 계속해서 연구되고 있으며, 발전하는 중이에요.

√ 다양한 분야로 퍼지는 게임 이론

노이만의 게임 이론은 아주 광범위한 수학적 이론이에요. 경제학자 오스카르 모르겐슈테른은 노이만의 이론을 보고, 한 분야부터 차근차근 정리해 나갈 필요가 있다고 생각했어요. 그래서 노이만에게 함께 경제학 분야에 게임 이론을 적용해 좀 작은 이론을 정리해 보자고 제안했지요.

노이만은 그 제안을 승낙했고 그렇게 경제학 분야에서 처음으로 게임 이론이 구체적으로 정리되었어요. 노이만이 참여한 이론이라는 것만으로도 많은 수학자와 과학자가 관심을 가졌고, 내용이 발표되었을 때는 세련된 계산과 예측에 모두가 놀랐어요.

그리고 여러 분야의 과학자가 자신의 분야에 게임 이론을 적용해 봤어요. 경영학자, 사회학자 등 인문 분야 학자는 물론, 역사학자, 언어학자, 체육 계열 연구자, 음악이나 미술 분야 연구자 등 거의 모든 분야의 연구자들이 게임 이론을 연구하고 적용했지요.

게임 이론은 범위가 넓고, 각 분야에 적용될 때마다 거의 새로운 이론이 되기 때문에 자세히 설명하기는 어려워요. 하지만 간단히 설명하면, 각 구성원이 모두 합리적으로 판단하고 자신의 이익을 위해 행동한다고 가정할 때, 주어진 조건 아래에서 행동과 상황이 어떻게 될지를 예측하는 거랍니다.

 **곰곰 쌤의 잡학 사전** 죄수의 딜레마

범죄를 함께 저지른 공범 A, B가 수사 끝에 잡혔어요. 하지만 마땅한 물증이 없어서 수사관들이 둘의 자백을 받기 위해 노력하고 있었지요. 수사관들은 A와 B를 서로 다른 방으로 데려가서 다음과 같은 '사실'을 이야기해 주었어요.

1. A, B 둘 모두 자백하지 않는다면, 둘 다 1년형을 받을 것이다.
2. 둘 모두 자백하면 6년형을 받을 것이다.
3. 어느 한 명만 자백한다면, 자백한 사람은 즉시 석방되고, 자백하지 않은 사람은 10년형을 받을 것이다.

이 경우 A와 B는 어떤 선택을 할까요?
둘은 자백하는 선택을 해요.
둘 모두 자백하지 않으면 가장 좋은 결과를 얻을 텐데, 도대체 A와 B는 왜 자백을 했을까요? 왜냐하면 각자 자기 입장에서의 최선을 생각하기 때문이에요. 아래 A의 입장에서 생각한 표를 보세요.

만약 B가 자백했다면?	내가 자백하지 않으면 나는 10년형이다.
	내가 자백하면 나는 6년형이다.
만약 B가 자백하지 않았다면?	내가 자백하지 않으면 나는 1년형이다.
	내가 자백하면 나는 즉시 석방된다.
B가 자백한 경우에도 내가 자백하는 게 이익이고, B가 자백하지 않은 경우에도 내가 자백하는 게 이익이다.	

이런 결론에 따라 A는 자백을 하고, B 역시 똑같이 생각해서 자백을 할 거예요. 결국 둘 모두 최선의 결과를 맞지 못하고 6년형을 살게 되는 거죠. 이런 식으로 사건이나 현상의 결과를 예측하고, 사람들의 행동을 예측하는 것이 게임 이론이에요.

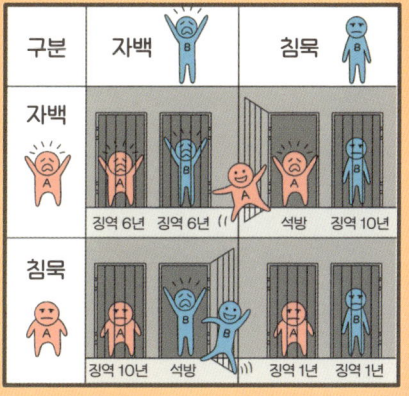

√ 혼돈 이론과 게임 이론을 포함하는 복잡계 이론

혼돈 이론도 게임 이론과 비슷한 과정을 거쳤어요. 모두 수학에서 출발했지만, 더는 수학에만 머무르지 않았어요. 여러분이 생각할 수 있는 모든 분야에서 혼돈 이론과 게임 이론이 연구되고 적용

되고 있지요. 현재 어떤 분야든 수학이 쓰이지 않는 분야가 없는 이유 가운데 하나예요.

혼돈 이론과 게임 이론처럼 광범위하고 복잡한 계산과 과정을 거치는 것이 당연해지고, 그만큼 우리가 이미 알고 있던 것도 더 자세하게 파고드니, 세상은 더더욱 복잡해졌어요. 이렇게 수많은 요소가 서로 복잡하게 얽혀서 상호 작용을 하는 체계를 '복잡계'라고 해요.

처음에 예를 들었던 일기 예보도 이런 복잡계 중의 하나라고 볼 수 있어요. 지금 이 순간에도 수학자들은 많은 자료와 복잡한 계산을 이론들과 합쳐서 분석해 나가고 있지요. 그래서 나흘 뒤 일기 예보를 할 수 있는 거예요! 물론 아직은 시범 운영이지만, 계속해서 수학이 발전해 나간다면 언젠가는 일주일 뒤도 예보할 수 있지 않을까요? 그리고 그런 업적을 이 책을 읽고 있는 여러분이 이룰지도 몰라요.

사진 출처

- 12쪽 피타고라스의 스승 탈레스: 위키 퍼블릭
- 17쪽 히포크라테스: 위키 퍼블릭
- 18쪽 콩 먹기를 거부한 피타고라스학파의 모습을 그린 16세기 그림: 위키 퍼블릭
- 20쪽 고대 그리스의 현악기 리라: 위키 퍼블릭
- 22쪽 아이슬란드의 점성술 그림판: 위키 퍼블릭
- 37쪽 프톨레마이오스 1세 소테르의 두상: Stella, CC BY-SA 4.0
- 39쪽 《원론》 영어판 표지: 위키 퍼블릭
- 42쪽 레오나르도 피보나치: 위키 퍼블릭
- 42쪽 범선 커티 사크에 표기되어 있는 로마 숫자: Alex1011, CC BY-SA 3.0
- 54쪽 14세기에 그려진 마녀를 화형시키는 그림: 위키 퍼블릭
- 54쪽 페스트에 감염된 쥐벼룩: 위키 퍼블릭
- 57쪽 페르마의 초상화: 위키 퍼블릭
- 58쪽 블레즈 파스칼: 위키 퍼블릭
- 59쪽 파스칼 계산기: Rama, CC BY-SA 3.0 fr
- 59쪽 《팡세》: 위키 퍼블릭
- 60쪽 르네 데카르트: 루브르 박물관
- 64쪽 앤드루 와일스: C. J. Mozzochi, Princeton N.J, 공공이용
- 65쪽 필즈상 메달 앞면: 위키 퍼블릭
- 69쪽 바젤 대학교의 오래된 본관: Ralf Roletschek, FAL
- 71쪽 요한 베르누이: 위키 퍼블릭
- 72쪽 오일러의 초상화: 바젤 미술관

- 73쪽 러시아 과학 아카데미: Михаил Иванович Лукин, пресс-сл ужба РАН, CC BY 4.0
- 74쪽 베를린 과학 아카데미: Andreas Praefcke, CC BY 3.0
- 74쪽 감자 수확을 조사하는 프로이센의 국왕 프리드리히 2세: 독일 역사 박물관
- 77쪽 표트르 3세의 초상화: 러시아 박물관
- 77쪽 예카테리나 2세의 초상화: 빈 미술사 박물관
- 84쪽 1900년경의 브라운슈바이크: 위키 퍼블릭
- 84쪽 괴팅겐 대학교의 옛날 대강당: Daniel Schwen, CC BY-SA 2.5
- 85쪽 허블 우주 망원경으로 촬영한 세레스: NASA, 위키 퍼블릭
- 86쪽 괴팅겐 대학교 북쪽에 있는 전망대. 서쪽 건물이 가우스의 연구실: Tine, CC BY-SA 4.0
- 86쪽 소행성대: 위키 퍼블릭
- 87쪽 가우스의 초상화: 위키 퍼블릭
- 89쪽 닐스 헨리크 아벨: 위키 퍼블릭
- 90쪽 에바리스트 갈루아: 위키 퍼블릭
- 90쪽 갈루아가 남긴 수학 논문의 마지막 장: 위키 퍼블릭
- 98쪽 에드워드 노턴 로렌즈: 위키 퍼블릭
- 100쪽 기상청 누리집 화면: 위키 퍼블릭
- 106쪽 존 폰 노이만: LANL, 공공이용
- 107쪽 맨해튼 계획의 비공식 문장: 위키 퍼블릭
- 108쪽 닐스 보어: 위키 퍼블릭